東京うた物語

塩澤実信

展望社

はじめに

東京は日本の首都である。

慶応四年（一八六八）九月、江戸幕府の本拠地であった江戸を東京と改称し、京都から遷都している。

東京はわが国の政治・経済・文化の中枢であり、それは東京を起点に地方へ広がっていくが、一時期に大衆の好みに合い、広く歌われる流行歌もまた、東京からはやり出すのが通常だった。

当然、東京をテーマにした歌が多いわけで東京を冠した歌を集めたら、浩瀚《こうかん》な一書の編纂が容易だった。いや、東京どころか、メインストリートの銀座をテーマにした歌を集めただけども、数百曲は拾い出せる筈《はず》だ。

昨今、銀座をはじめ浅草、池袋、新宿、赤坂、渋谷といった新旧の盛り場も、歌の舞台になっていて、その盛り場に絡む愛憎劇の一片でもあれば、立ちどころに誕生させることができるだろう。

そのたぐいの歌が多いのは、その場所が歌謡ファンをひきつける魅力に富んでいるからだ。


山深い南信州の生家には、昭和一ケタ代に驕奢《きょうしゃ》と考えられていた蓄音機が鎮座していた。当時は鑑札が麗々しく張りつけられていて、わずかたりとも税金を払わないと使用できなかった。

レコードのことを、土地では「タネイタ」と言っていたが、家でレコードをかける時には、近所の家に聴きに来てくれるよう触れ廻らせられた。

年配者の好みは、圧倒的に浪花節が多くノドを潰した塩辛声の唸りに、辟易《へきえき》したものだった。

しかし、塩辛声の合い間に「はやりうた」を聴くこともできた。人気歌手の歌うそれらの歌には、どことなく東京の雰囲気が漂っていて、レコードを聴くとモダンな都会の空気に触れた感じがして、うれしかった。

歌で知る東京は夢をかきたて、いつの日か憧れの街で生きたいものと、願うようになった。生来、本好き、歌好きだったことから、私は出版社か、レコード関係の仕事に付きたいと念じるようになった。

その願いが叶い、曲りなりにも、出版社へ入社し編集者の端くれになれたが、四十代半ばの働きざかりにワンマン社長と齟齬《そご》をきたし、馘首《かくしゅ》された。

一時は路頭に迷い、生活は逼迫したが、四十代の若さと、生来の反骨心が支えになり、なんとか自活の道を辿ることができた。

奨められるままに、出版関係、歌謡関係の本に挑み、百冊を超えるまでになった。これはひとえに、非才を追放してくれた先見性のない社長のおかげであった。

話は脱線してしまったが、このたび「東京の歌」六十曲の選曲にあたって、タイトルをもちろん内容が東京にからんだ歌を集めてみると、前述したようにその数の膨大さに驚嘆した。さらにその中から六十曲を選ぶのは至難の技であった。独断のそしりは覚悟の上で、私の好みも大いに入っていると思うが、ご寛恕いただきたい。

著者

東京うた物語●目次

東京うた物語

戦前編

昭和は、音のニューメディアとともに明けた。二年から三年にかけて、アメリカ系のビクター、コロムビア、ドイツ系のポリドールの蓄音機会社三社と、数年遅れて国産系列のテイチクが創業されたのである。ヒット曲の基準になる10万枚台のレコードが生まれたのは、昭和三年に藤原義江の歌った「出船」「鉾をおさめて」と、佐藤千夜子が歌った「東京行進曲」であった。

藤原と佐藤が歌ったこの曲が、二ケタ万台のヒットになったことで、レコード業界は舞い上がってしまった。

営利性に目覚めたレコード各社は、同工異曲の「ヨナ抜き短音階」「ヨナ抜き長音階」の感傷的な流行歌づくりに狂奔《きょうほん》することになる。

東京をテーマにした歌で最高に売れたのは昭和八年、小唄勝太郎と三島一声によって歌われた「東京音頭」だった。

一年前の七年に芸者歌手の葭町《よしちょう》二三吉と、民謡歌手・三島一声による「丸の内音頭」が発表され、日比谷公園で開かれた盆踊りに使われ、大盛況をおさめたことから、このメロディーをそのまま使って「東京音頭」が作られたのである。
西條八十作詞　中山晋平作曲であった。

ハア　踊り踊るなら
チョイト　東京音頭　ヨイヨイ
花の都の　花の都の真ん中で
サテ　ヤートナソレ　ヨイヨイヨイ
ヤートナソレ　ヨイヨイヨイ

囃子ことばが自在に使われた浮きたつような音頭で、勝太郎のキメの細かい美声にのって、たちまち東京を浮かれ調子に捲きこんでしまった。

「ハア」「チョイト」「ヨイヨイ」「サテ　ヤートソレ」云々と、「東京音頭」には要所々々に、唄い手、踊り子を煽る囃子ことばが散りばめられていた。

これらの囃子ことばは、信州出身の中山晋平が編み出したものだった。晋平の活躍したのは、大正末期から昭和十年代初めまでだったが、彼の手がけた民謡には大なり小なり、巧みな囃子ことばが入っていた。

「時としてはこの囃子ことばが、その歌全体の死命を制する場合も決して少なくないからだ」

という経験に則ったものだった。

当時、新興レコード会社テイチクの制作部門を一手にまかされて、専務の肩書で次々にヒットを飛ばしはじめたのが、古賀政男だった。

その第一弾、門田ゆたか作詞の「東京ラプソディー」は、藤山一郎が軽快に歌い大ヒットになった。

花咲き　花散る　宵も
銀座の　柳の下で
待つは君ひとり　君ひとり
逢えば行くティールーム
楽し都　恋の都
夢のパラダイスよ　花の東京

藤山一郎は、この後、支那事変下に西條八十作詞　古賀政男作曲の「なつかしの歌声」で二葉あき子とのデュエットにより、ヒットを飛ばしている。

銀座の街　今日も暮れて
赤き灯燃ゆ　恋し東京

恋し東京
あの窓あの小径　やさしの柳
あこがれは悲しき　乙女の涙
風よ運べよ　いとしの君へ

支那事変につづいて、米英蘭との間に戦端が開かれたのは、昭和十六年十二月八日だった。国力においては米一国でも、日本の十数倍である。勝ち目はなかった。

戦争には当然、戦死者が続出するが、彼らは「英霊」に祭りあげられ、九段の靖国神社に祭られることになった。

石松秋二作詞　熊代八郎作曲、塩まさるによって歌われた「九段の母」は、九段の靖国神社に神とまつられた息子に逢いに来た老母の姿を、切々と歌っていた。二番目の詞に、その実感が歌い込まれていた。

空をつくよな　大鳥居
こんな立派な　おやしろに
神とまつられ　もったいなさよ
母は泣けます　うれしさに

ついで、佐伯孝夫作詞　清水保雄作曲、小畑実と藤原亮子のデュエットで歌われた「湯島の白梅」は、泉鏡花の小説『婦系図』の歌謡版だった。朝鮮半島出身の小畑実のキメの細かな唱法と藤原亮子の歌がぴったり合って、ヒット街道をひた走った。

そして、戦争はますますどろ沼にはまり、歌は軍歌一色となって行ったのである。

東京市歌（大正十五年）

高田耕甫　作詞
山田耕筰　作曲

紫においし　武蔵の野辺《のべ》に
日本の文化の　花咲きみだれ
月かげいるべき　山の端《は》もなき
むかしの広野《ひろの》の　おもかげいずこ

高閣《たかどの》はるかに　つらなりそびえ
都《みやこ》のどよみは　うずまきひびく
御座《みくら》のもとなる　大東京の
のびゆく力の　強きを見よや

大東京こそ　わが住むところ
千代田の宮居《みやい》は　われらがほこり
力をあわせて　いざわが友よ
われらの都に　かがやきそえん

江戸幕府の拠点だった江戸が、東方にある都の意をこめて東京と改称したのは、慶応四年（一八六八年）である。

直ちに明治天皇の治下になり、京都から遷都。

明治十一年に府政を施行して、同二十二年、東京府から十五区を分立して東京市とした。

そして、隣接町村を併合し、三十五区に改めたのは昭和七年。市域は現在の東京都区とほぼ同地域となった。昭和十八年に東京府と東京市を廃止する形で東京都が誕生した。さらに戦後の昭和二十二年、三十五区に再編され、さらに同年、板橋区から分離して練馬区が出来、現在の二十三区となった。

明治初期、京都から都を移した時から東京は、日本の政治・経済・文化の中心地となり、東京の動向が日本の津々浦々の源《みなもと》になって行ったのは当然のことだった。

首都の誇りにかけて、東京市歌が制定されたのは大正十五年だった。昭和元年に重なっていて、市歌は高田耕甫詞、クラシックの大御所・山田耕筰が作曲をしていた。

その詞は関東大震災からの復興を、高らかに歌い上げていた。

歌詞には、高閣だの御座、宮居と、天皇制国家を賛美する匂いが、紛々《ふんぷん》としていた。歌い出しの「紫においし……」の紫とは江戸紫のことで、作詞者の日本文化へのこだわりの深さをうかがうことができた。山田耕筰が曲をつけ、日本コロムビアから発売された。

作詞者は、山形県米沢市出身の、東京帝国大学英法科を卒業したエリート官僚だった。大正十年に東京府庁に入庁し、十二年石川県警察部に出向していた時、東京市歌の懸賞公募を知り、高田耕甫のペンネームで応募して入選を果たしたのである。

高田は、賞金のお礼に、「復興の歌」も作詞し、関東大震災で壊滅的被害を受けて、必死に復興に取り組む市に贈り、感謝された。

彼は、一高、東京帝大とエリートの辿る道を歩いているが、一高時代の大正六年に一高寮歌、

　桜真白く　咲きいでて
　悲しき春の　立ち来れば…

の作詞もしていた。

昭和二十二年、東京が都となったことから、「東京都歌」が公募され、応募六千五百余編の中から、原田重久の詞が当選している。原田は当時、東京谷保村役場の主事を務めていて、余技として校歌、童謡、ドラマを作っていた。

選ばれた詞には、都歌制定委員の一人だった詩人の深尾須磨子の補作があって、定稿後に、曲も公募されて、沼津在住の当時学生だった須屋博の曲が当選。やはり制定委員の作曲家・橋本国彦が手を加えて制定された。

東京行進曲（昭和四年）

西條八十　作詞
中山晋平　作曲
佐藤千夜子　唄

昔恋しい
銀座の柳
仇《あだ》な年増《としま》を
だれが知ろ
ジャズで踊って
リキュルで更けて
明けりゃダンサーの
涙雨

恋の丸ビル
あの窓あたり
泣いて文《ふみ》書く
人もある
ラッシュアワーに
拾ったバラを
せめてあの娘《こ》の
思い出に

広い東京
恋ゆえ狭い
粋《いき》な浅草
しのび逢い
あなた地下鉄
わたしはバスよ
恋のストップ
ままならぬ

シネマ見ましょか
お茶のみましょか
いっそ小田急で
逃げましょか
かわる新宿
あの武蔵野の
月もデパートの
屋根に出る

ヒットした歌には、現世を映す鏡の役割が秘められ、その時代のインデックスの役回りが付与されているようである。

昭和当初の大ヒット曲「東京行進曲」がその好例だった。西條八十作詞、中山晋平作曲、佐藤千夜子が歌っているが、大正から昭和へと移行した首府のたたずまいが、みごとに織り込まれていた。

作詞は、フランス留学帰りの早稲田大学仏文科教授であった。大正中期からリリシズムにあふれた定律詩で知られ、若者たちのアイドル的な存在だった。その詩人が、日活宣伝部長、樋口正美に口説かれ心ならずも、俗曲に手を染めたのである。

樋口は、早大英文科教授で高踏派詩人として高名な日夏耿之介（本名樋口國登・長野県飯田市出身）の甥であった。日夏と西條は詩人仲間で、共に母校で教鞭を執り親友の間柄だったことから、請けざるを得なくなったのである。

樋口正美はこのとき、「歌詞は小説に囚《とら》われなくてもけっこうですから、レベルを落とし流行《はや》るものを書いてください」とヒットを前提に依頼をしたのだった。

菊池寛の原作は、ブルジョア家庭に育った早百合と貧民層育ちの道代が、実は腹違いの姉妹で、二人はそんな関係も知らずに、隔った環境の中で育った筋書きになっていた。

映画は溝口健二監督、夏川静江、入江たか子、小杉勇、神田俊二ら、当時のスターが出演していた。

西條八十は、日活の宣伝部長からの注文を聞いて、「東京のモダン風俗を思い切って描いてやろう」と決め、レベルを落として書いたのが、「昔恋しい　銀座の柳…」で歌い出し、「恋の丸ビル　あの窓あたり…」「広い東京　恋ゆえ狭い…」「シネマ見ましょか　お茶のみましょか…」の四連の詞であった。

作曲は、大正期から昭和にかけてのヒットメーカー中山晋平が推された。晋平は「ヨナ抜き・短音階」を基調の作曲で当時の、ヒット曲を一人で背負った感の作曲家だった。

ちなみに「ヨナ抜き」の説明をしておくと、これは「ド・レ・ミ・ソ・ラ」の五音階の便宜語《べんぎ》だった。その頃の庶民が「ドレミファソラシド」の音階に馴染めないため、「ヒフミヨイムナ（一・二・三・四…）」と覚えさせていたのである。その音階から中の四・七《ヨナ》（つまりファとシ）の音を抜いた短音階《マイナーコード》の意味であった。

短音階に対し長音階《メジャーコード》もあり、当然四・七の音は抜いていた。

何故か日本人は短音階のヨナ抜きのメロディーが好きで、ヒット曲の70％近くが、この流れに占められていた。

「東京行進曲」は、東北訛りの佐藤千夜子によって歌われたが、日本に十万台の蓄音機しかなかった当時、二十五万枚も売れたと記録されていた。

銀座の柳（昭和七年）

西條八十　作詞
中山晋平　作曲
四家文子　唄

植えてうれしい　銀座の柳
江戸の名残りの　うすみどり
吹けよ春風　紅傘日傘
今日もくるくる　人通り

巴里のマロニエ　銀座の柳
西と東の　恋の宿
誰を待つやら　あの子の肩を
撫でてやさしい　糸柳

恋はくれない　柳は緑
染める都の　春模様
銀座うれしや　柳が招く
まねく昭和の　人通り

柳は、東京のメイン通り銀座の象徴である。

この銀座の街路樹は、明治初期レンガ街が建設された当初、「松」「カエデ」「桜」であった。ところが、明治十五年、鉄道馬車が走り、二丁目の角にアーク灯がともるようになってから、街路樹は順次「柳」に植え替えられ、二年後には柳並木になっていた。

明治三十六年に市街電車が開通し、大正時代に入ってバスも走り、交通量が格段に増えると、車道幅を拡げざるをえなくなった。

その機会に、柳は銀杏《いちょう》に取って代わられた。成長すると高さ三十メートルにも達する銀杏は、欧米大都市の街路樹になっていて、西欧文化を追う東京にふさわしいと考えられたからだ。しかし、市当局の見解と、柳の風情を懐かしむ市民との間に、美観論争が起きた。その矢先に、関東大震災で街が焦土と化し、十三年春、ふたたび銀杏が植えられた。

銀座はふたたび亭々たる銀杏の街路樹に占められたが、その風情に逆をゆくように「昔恋しい　銀座の柳／仇な年増を　だれが知ろ…」で歌い出す「東京行進曲」が、大流行しはじめたのである。

西條八十作詞のこの歌には、西欧文化に追いつき追い越せとばかりにひた走った、形骸ばかりを追うイミテーション風景が、見事に戯画化《カリカチュア》されていたのである。そしてヒットに喚起され柳並木を懐かしむ声が澎湃《ほうはい》として起こり、費用の一部を銀座が負担する条件で、許可がおりた。

巷の動向に敏感な朝日新聞社は、柳の苗木二百本を寄贈する動きを見せ、三月二十七日に社の講堂で『銀座柳復活祭』を開催した。

西條八十が記念講演で、「銀座の柳」と題して話したのである。

その際、西條は震災直後の銀座をスケッチした「銀座愛唱」という詩を披露していた。

当時の銀座の街路樹は、銀杏になっていて往年の柳を知る者には、感覚的にまったく受けなくなっていただけに、「銀座愛唱」に歌われていた柳の風情は、聞く者の心をゆさぶった。

時あたかも、「昔恋しい　銀座の柳…」が、大ヒットしているさなかであった。「歌は世につれ、世は歌につれ」の慣用言《げん》そのままに、「昔恋しい　銀座の柳」が、世を歌につれさせる動きになったのである。

銀座は「東京行進曲」が歌われだした昭和初期は、四丁目までしかなかった。それが、五年には八丁目まで広がり、エロ・グロ・ナンセンスの軽薄な時代背景のさなか、カフェ、女給、モガ・モボ、ダンサーといった「東京行進曲」の歌われた風俗が、街に出現するところとなった。

そして、京橋―新橋間の銀座八丁と、日比谷―築地間に、九百本の柳が植えられ、ボンボリをつらねて「柳まつり」が催されたのは、この頃であった。「銀座の柳」がヒットする条件は整い、新進のクラシック歌手・四家文子が、イタリア留学へ旅立った佐藤千夜子に変わって歌い、ヒットに結びつけたのである。

東京音頭（昭和八年）

西條八十　作詞
中山晋平　作曲
小唄勝太郎・三島一声　唄

ハァ　踊り踊るなら　チョイト
東京音頭　ヨイヨイ
花の都の　花の都の真中で　サテ
ヤットナ　ソレ　ヨイヨイヨイ
ヤットナ　ソレ　ヨイヨイヨイ

ハァ　よせて返して　チョイト
返して寄せる　ヨイヨイ
東京繁昌《はんじょう》の　東京繁昌の人の波　サテ
ヤットナ　ソレ　ヨイヨイヨイ
ヤットナ　ソレ　ヨイヨイヨイ

ハァ　昔や武蔵野　チョイト
芒《すすき》の都　ヨイヨイ
今はネオンの　今はネオンの灯の都　サテ
ヤットナ　ソレ　ヨイヨイヨイ
ヤットナ　ソレ　ヨイヨイヨイ

ハァ　花は上野よ　チョイト
柳は銀座　ヨイヨイ
月は隅田の　月は隅田の屋形船　サテ
ヤットナ　ソレ　ヨイヨイヨイ
ヤットナ　ソレ　ヨイヨイヨイ

ハァ　おさななじみの　チョイト
観音様は　ヨイヨイ
屋根の月さえ　屋根の月さえなつかしや　サテ
ヤットナ　ソレ　ヨイヨイヨイ
ヤットナ　ソレ　ヨイヨイヨイ

ハァ　西に富士ケ嶺《ね》　チョイト
東に筑波　ヨイヨイ
音頭とる子は　音頭とる子はまん中に　サテ
ヤットナ　ソレ　ヨイヨイヨイ
ヤットナ　ソレ　ヨイヨイヨイ

東京の町並みを、突如狂騒の渦に巻き込んだ歌のなかに、浮かれた調子をとるために入れる囃子《はやし》ことばが氾濫したのは、昭和八年の夏であった。「島の娘」で大ヒットを飛ばした鶯《うぐいす》芸者の走り小唄勝太郎と、ベテラン民謡歌手の三島一声が歌っていた。

音頭は、多くの人が歌につれて踊る形をとるもので、「東京音頭」にも当然、日本舞踊の初代・花柳寿美振り付けの、踊る人たちを陶酔に誘う民謡調のリズムに乗る所作が振り付けられていた。

その「東京音頭」が、バカ当たりしたのは、詞・曲・歌・踊りと四拍子が見事にそろっていたからだった。高田保は「東京音頭」の氾濫のすさまじさを、昭和八年十一月号の「改造」に次の通りに書いていた。

何処かの店先でこの一枚をかける。音曲は流れて街路の風に乗って吹きめぐる。

〽ハァ東京よいとこチョイトと来る。するとまず第一に近くの紙芝居の前に集っていた子供達が　ヤートナソレヨイヨイとやりはじめる。通りかかった日支軒の出前持ちがワンタンメンがのびるのも忘れて、その中へ一枚加わり出す。孫を迎えに来たお爺さんが踊り出し、それを探しに来たお婆さんも一緒になり、円タクは流しを止め、いつか大変な一団となって、交通往来なぞは問題でなくなる。

電車が動かなくなって、頻りにチンチンとやるが、しかしそれもお囃子の合いの手のようにしか聞こえない。お巡りさんが来て怒鳴るが、それもコリャコリャと聞こえるし、しきりに手を振って見せたって、やはりそれが調子に合っているようにしか見えないから効目がない。

もとをただすと、この音頭は前年の夏、東京は丸の内の町会長が、盆踊り用にと歌謡界の大御所、西條・中山コンビに頼んで生まれた「丸の内音頭」だった。

翌年春、この盛況に味をしめたビクターが、「七年十月、東京市は近郊の五郡八十二町村を編入して、三十五区の大東京が誕生したことだし、『東京音頭』に改作したらどうだろう」と、西條八十に提案。全面的に改作した。

ハァ踊り踊るなら　チョイト
東京音頭　ヨイヨイ
花の都の　花の都の
まんなかで　サテ
ヤートナソレ　ヨイヨイヨイ

と歌うようになった。「東京音頭」のバカ当たりは、翌九年春にはレコード各社競っての音頭合戦をひき起こした。

東京ラプソディー

（昭和十一年）

門田ゆたか　作詞
古賀政男　作曲
藤山一郎　唄

花咲き花散る宵も
銀座の柳の下で
待つは君ひとり
君ひとり
逢えば行く
ティールーム
楽し都　恋の都
夢のパラダイスよ
花の東京

現《うつつ》に夢見る君の
神田は想い出の街
いまもこの胸に
この胸に
ニコライの
かねも鳴る
楽し都　恋の都
夢のパラダイスよ
花の東京

明けても暮れても歌う
ジャズの浅草行けば
恋の踊り子の
踊り子の
ほくろさえ
忘られぬ
楽し都　恋の都
夢のパラダイスよ
花の東京

夜更けに
ひととき寄せて
なまめく新宿えきの
彼女はダンサーか
ダンサーか
気にかかる
あの指輪
楽し都　恋の都
夢のパラダイスよ
花の東京

後年、歌謡界の大御所といわれる古賀政男は、中山晋平より半歩遅れで登場したヒットメーカーである。

自伝の中で彼は、次のように書いている。

「当時の私にとって、西條八十、中山晋平両氏のコンビによる『東京行進曲』（昭和四年）が一つの目標だった。銀座、浅草、新宿という盛り場がみごとに歌い込まれ、心憎いばかりだ。そこで、もう少しモダンになった東京を書いてみたいと考えていたのである。」

わが国の蓄音機の台数が日本の植民地、台湾・朝鮮までを含めて十万台と言われた時代に、「東京行進曲」はなんと二十五万枚も売れたと言われていた。新進作曲家は、それを越えることを、秘かな目標としていたわけである。

古賀政男は、その頃、フォードのクーペを買ったばかりで、よろこびを抑えがたく、新車を駆って神宮外苑をドライブした。

外苑は、当時の東京の中で最もモダンなムードにあふれた明治神宮に属する広い庭園であった。古賀は、その西欧風に模したモダンな外苑を、ドライブしているうちに、新車の律動に乗った軽快な旋律が、浮かび上がってきた。

古賀政男の作曲はその頃、書斎か、自家用車の中でされていた。高価な自家用車など、ブルジョア階級の奢侈《しゃし》と見られていた時、新進作曲家の身には自動車が彼の〝動く書斎〟だったわけだ。

外苑を走るその書斎で、軽やかなメロディーをつかんだ彼は、

「これならいける！」

と自信が持てたので、木陰に車を寄せると五線譜を取り出し、エンジンを止めず作曲にとりかかったのだという。メロディーはエンジンの旋律に乗り、五線譜の上を走っていった。

だが、曲はできても詞がないことにはレコードにはならない。その時、

作詞に白羽の矢が立ったのは、西條八十の門下で早稲田大学仏文科を出たばかりの門田ゆたかだった。

すぐ門田に軽快なフォックス・トロットを聴かせてみると、歌謡曲の常識を踏む五・七調や七・五調の字足では、一・二小節を八分音符で構成した早いテンポには、収まらないことがわかった。

門田は、早い八分音符に合う東京のモダニズムを詞藻に盛り込むため、二晩徹夜し七転八倒の末に、人口に膾炙《かいしゃ》したあの、

〽花咲き　花散る宵も　銀座の柳の下で…

の四・四・三／四・四・三の言葉を紡《つむ》ぎ出したのである。

斬新なこの新曲の吹込みに、名指しされたのが、口跡が楷書風の藤山一郎だった。彼は当時ビクターの専属で、古賀が所属する新興のレコード会社テイチクでは、吹き込み不可能だった。が、莫大なトレード・マネーを支払いスカウトに成功、ここに古賀・藤山コンビが四年ぶりに復活した。

すみだ川（昭和十二年）

佐藤惣之助 作詞
山田栄一 作曲
東海林太郎 唄

銀杏《いちょう》がえしに
黒繻子《くろじゅす》かけて
泣いて別れた
すみだ川
思い出します
観音さまの
秋の日暮の
鐘の声
（セリフ）
ああそうだったわ
ねえ、あなたが
二十、わたしが
十七の時よ。
いつも清元のお稽古から帰って来ると、あなたは竹谷の渡し場で待っていてくれたわねえ。
そして二人の姿が水にうつるのを眺めながら、
にっこり笑って淋しく別れた。ほんとにはかない恋だったたわね……。

娘ごころの
仲見世歩く
春を待つ夜の
歳《とし》の市
更けりゃ泣けます
今戸《いまど》の空に
幼馴染《おさななじみ》の
お月さま
（セリフ）
あれからあたしは芸者に出たものだから、あなたは逢ってくれないし、
いつも観音様をお詣りする度に、廻り道してなつかしい隅田のほとりを歩きながら、ひとりで泣いていたの。
でも、もう泣きますまい。恋しい、恋しいと思っていた初恋のあなたに逢えたんですもの。
今年はきっと、きっとうれしい春を迎えますわ……。

都鳥さえ
一羽じゃとばぬ
むかしこいしい
水の面《おも》
逢えば溶けます
涙の胸に
河岸《かし》の柳も
春の雪

狷介《けんかい》――自分の意思をまげず、人と妥協しない最たる作家に永井荷風がいた。彼は『濹東綺譚』『腕くらべ』をはじめ、東京の陋巷《ろうこう》、私娼窟《ししょうくつ》を扱った名作の数々を遺している。

この文豪の『隅田川』に想を仰いで、佐藤惣之助が作詞、山田栄一が作曲して昭和十二年（一九三七）一月に発売されたのが「すみだ川」であった。「赤城の子守唄」「国境の町」「旅笠道中」「野崎小唄」と、ビッグヒットを連発して、当時の歌謡界を一人で背負っていた感の東海林太郎が、人気女優田中絹代のしっとりとしたセリフをアンコに、切々と歌っていた。

東海林太郎のポリドール専属三周年を記念して高名な作家の文芸作品の歌謡化が企てられ、東京と関西の川をタイトルとした作品が、選ばれることになった。

東京は永井荷風の『隅田川』。関西は森鴎外の『高瀬舟』に白羽の矢が立てられたのである。

「高瀬舟」は時雨音羽作詞、長津義司作曲のA面。「すみだ川」はB面にカップリングされた。明治の文豪・森鷗外の『高瀬舟』の方が知名度は高く、ヒット率が高いだろうの計算だった。が、ふたを開けてみると「すみだ川」の大ヒットには及ばなかった。

荷風の『隅田川』に想を仰いだ佐藤惣之助の詞は、竹谷の渡しを視点に据え、浅草近辺の隅田川のてんめんとした下町情緒をあますことなく描いて、荷風文学の神髄を抽出していた。

さらに惣之助の詞を相乗させたのが、作曲者・山田栄一の江戸情緒を彷《ほう》彿《ふつ》とさせた、きめの細かい旋律だった。

歌い出しの「銀杏がえし」とは、日本髪の一つで髻《もとどり》の上を左右に二分して、半円形に曲げイチョウの葉のように結った髪型。黒繻子とは、布面がなめらかで、つやがあり、縦糸または横糸を浮かした黒地の織物のことで、それを襟にかけた女性——惣之助はこのワンフレーズで、荷風の世界を見事に再現していた。

東海林太郎は〝女うた〟である曲を、腹にひびく唱法で歌ったが、田中絹代のアンコの部分が、せつせつとしたモノローグで、歌の背景を心憎いばかりに浮かびあがらせていた。

自らの小説『隅田川』に歌の題材をとられた永井荷風が、はたしてこの歌を聴いてどのような心境に陥ったであろうか。

時勢に徹底して背を向け、〝戯作者〟を自称していた彼は『断腸亭日乗』に、折にふれて流行歌に痛烈な一矢を報いていた。

しかし肝心のこの「すみだ川」に対しての言及は、日記をたんねんに調べても出ていない。

日記に記していたら、「蓄音器の奏する俗謡を聞く、すみだ川とやらいふ流行唄の由なり、銀杏がえしに黒じゅすかけてなどという拙劣なる俗謡、笑ふべきなり」とでも書いただろうか。

一杯のコーヒーから（昭和十四年）

藤浦洸　作詞
服部良一　作曲
霧島昇&ミス・コロムビア　唄

一杯のコーヒーから
夢の花咲くこともある
街のテラスの夕暮れに
二人の胸の 灯が
ちらりほらりとつきました

一杯のコーヒーから
モカの姫君ジャバ娘
歌は南のセレナーデ
あなたと二人 朗らかに
肩をならべて歌いましょ

一杯のコーヒーから
夢はほのかに香ります
赤い模様のアラベスク
あそこの窓のカーテンが
ゆらりゆらりとゆれてます

一杯のコーヒーから
小鳥さえずる春も来る
今宵二人のほろにがさ
角砂糖二つ入れましょか
月の出ぬ間に冷えぬ間に

「一杯のコーヒーから」が、霧島昇と彼の妻、ミス・コロムビア（松原操）のデュエットで歌われ、ヒットしたのは昭和十四年(一九三九)後半である。

タイトルや歌詞から東京という文字は一切ないが、作詞が銀座ボーイ藤浦洸だけに歌詞の内容は間違いなく東京銀座である。

当時、支那事変と呼称された日中戦争は泥沼状態に陥り、近衛内閣はナチス・ドイツの要求する日独伊三国軍事同盟締結をめぐる閣内不統一のため、総辞職をしていた。

この年の五月から八月にかけてソ満国境ノモンハンで日本軍とソ連軍の衝突があり、ソ連軍の圧倒的な火力の前に、張り子の虎の関東軍は壊滅的な打撃を受けた。しかし、ヨーロッパで第二次世界大戦が勃発したため日ソ間で停戦協定が結ばれ、日本は危機から逃れることができた。

その頃から国民生活の窮乏は次第に露呈しはじめて、砂糖、マッチをはじめ生活必需品不足は目に見えてきた。

そんな時代に、一般国民は馴染みのないコーヒーをテーマに「夢が花咲き、ほのかに香り、小鳥さえずる春も来る」などと歌う、考えようによっては、白昼夢のような歌がヒットしたわけである。

藤浦洸と服部良一は、昭和十二年に大ヒットした「別れのブルース」のコンビであった。藤浦は明るいモダンな歌詞で知られ、服部は敵性音楽と軍部にマークされはじめたジャズのイデオムを曲に生かして、斬新な歌を次々と生み出していた。

それにしても、白米の使用は禁止され、七分搗《つ》きを強制され、砂糖は貴重品となっている時勢下に、一杯のコーヒーを飲み「コーヒーに角砂糖二つ入れましょうか」などという時勢ばなれした歌をつくって、軍部からおとがめを受けなかったのは不思議だった。

作曲した服部良一も、シティボーイの走り藤浦洸から、この作詞を示されたとき、「一杯のビールからにしようよ！」と異をとなえたと言う。

ところが、コーヒー党の藤浦洸は断固としてゆずらず、コーヒーが払底《ふってい》し、大豆を焦がした怪しげな代用コーヒーが売られている時代に「一杯のコーヒーから」を世に送り出したのだった。服部良一は後になって、「コーヒーも満足に飲めない時代への、藤浦なりの抗議だったのかも知れない」と、語っていた。

一方、霧島昇とミス・コロムビアは『愛染かつら』の主題歌「旅の夜風」が仲だちとなって結ばれたが、「一杯のコーヒーから」にも二人の睦まじさが出ていて、ステージでよく歌っていた。

発表時の「恋の花咲く」の「恋」が、時局柄好ましくない、「夢」にかえるようにとの圧力が、作詞家にかかったのは、太平洋戦争末期だった。

大阪育ちの服部良一は、一杯の「イ」と「コーヒー」の「コ」にアクセントをおく作曲をこころみていて、霧島は忠実にそれに従って歌っているので「コーヒー」が「コーイー」に聞こえるといわれたものだった。

九段の母（昭和十四年）

石松秋二　作詞
能代八郎　作曲
塩　まさる　唄

上野駅から
九段まで
勝手知らない
焦れったさ
杖を頼りに
一日がかり
倅《せがれ》　来たぞや
逢いに来た

空を衝くよな
大鳥居
こんな立派な
御社に
神と祀られ
勿体なさよ
母は泣けます
嬉しさに

両掌合わせて
跪《ひざまず》き
拝むはづみの
御念仏
ハッと気付いて
うろたえました
倅許せよ
田舎者

鳶が鷹の子
生んだ様で
今じゃ果報が
身に余る
金鵄勲章《きんしくんしょう》が
見せたいばかり
逢いに来たぞや
九段坂

「流行歌は世相を写す鏡」の一面がある。歌詞を口ずさんでみると、歌われていた時代の様相が、おぼろげに浮び出てくる。

本名・加藤和枝時代の美空ひばりが、父親が応召されていく送別会の夜に、喝采ほしさに、大人顔負けの巧みさで歌ったのが「九段の母」だったという伝説がある。

九段とは、国のために戦って死んだ将兵の霊魂を祀る靖国神社のある場所であった。

明治五年、招魂社として創建され、同十五年に国を安らかに治めるという意味から、靖国神社と改称されていた。

戊辰戦争の官軍および明治以降の日清・日露、第一次世界大戦、満州事変、支那事変、大東亜戦争と呼称された太平洋戦争までの、戦没者の英霊を合祀していた。

敗戦までの祭神は、なんと二百四十六万柱に上っていた。

それは明治・大正・昭和三代八十年足らずの間の戦争で、二百数十万人の若い将兵の、尊い命が失われていることを意味していた。

「九段の母」は、このお社《やしろ》に神と祀られた伜に、上野駅から杖を頼りに一日がかりで歩いて、会いに来た……多分、東北の僻地《へきち》あたりから上京した老いた母をイメージして作られた浪曲調の歌だった。

老母は、九段の坂にたどり着いて、天をつくような大鳥居を仰ぎ見て、びっくり仰天、

「こんな立派な、お社に、神とまつられた伜に、もったいなくて、泣いてしまったよ……」

とつぶやき、さらに両手を合わせて、ひざまづいて、拝むはずみに、口をついて出たのが「ナムアミダムツ」というお念仏であったとうろたえる。神様となった伜の霊に、仏様に捧げる念仏では、いかにも申訳ないと詫びて、結びは軍国にあらまほしい母親の姿を表現していた。

石松秋二が作詞した軍国主義の理想的な母親像に、能代八郎が浪曲調のメロディーを付け、塩まさるがせつせつと歌い、昭和十四年四月に発売された。

折から靖国神社の例大祭の前だったので、「九段の母」はたちまち大ヒットになった。

この動きに、浪曲界はすぐ連動して、当時〝七色の声〟で人気の高かった女流浪曲師・天中軒雲月（後の伊丹秀子）が、七色の声色でレコードに吹き込み、東宝も早撮りの名手・渡辺邦男監督、雲月、大川平八郎、花井蘭子の主演で、翌十五年一月に『九段の母』を封切った。

――しかし、当時、靖国神社に詣でた英霊の老いた父母、妻や子、兄弟姉妹が流した涙は、戦争を主導した軍部の考える神と祀られ勿体なさに嬉しくて流した涙とは、雲泥の差があったことを、国民は知っていただろうか……。

なつかしの歌声（昭和十五年）

西條八十　作詞
古賀政男　作曲
藤山一郎・二葉あき子　唄

銀座の街　きょうも暮れて
赤き灯燃《ひ》ゆ　恋し東京
恋し東京

あの窓あの小道　やさしの柳
あこがれは悲しき　乙女の涙
風よ運べよ　いとしの君へ

歎きの途《みち》　ひとり行けば
みどりの樹に　鳥はうたう
鳥はうたう
やさしく寄り添いし　姿よいずこ

おもい出の窓辺に　わすれな草が
風に泣いてる　昨日も今日も

夕焼け空　君とながめ
うたいし歌　たのしメロディー
たのしメロディー

うたえば涙ぐみ　こころはむせぶ
落葉ちる朝に　雪ふる宵に
呼ぶよこの歌　返らぬ涙

題名に、銀座だの東京の名はないが、藤山一郎の軽快な歌いだしに「銀座の街　きょうも暮れて／赤き灯《ひ》燃ゆ　恋し東京／恋し東京…」と、いきなり日本のメインストリートがしっかり織り込まれていたことから、ヒットした懐かしい歌である。

「東京行進曲」でいち早く「銀座」を紹介し、「恋の銀座」「銀座の柳」「銀座音頭」と昭和初期から「銀座」を一手に詞に歌いヒットを連打していたのが西條八十で、この歌も昭和十五年に封切られた東宝映画『春よいづこ』の挿入歌として作られていた。主題歌は映画と同題の「春よいづこ」で、二曲とも藤山一郎と二葉あき子が歌っていた。

レコードは、なぜか主題歌の「春よいづこ」がB面になっていて、「なつかしの歌声」はA面になっていたため、こちらが断然ヒットした。

映画の原作は『愛染かつら』で当てた川口松太郎が、新潮社発行の『日の出』に連載した同名の小説であった。映画化にあたって、監督は早撮りの渡辺邦男。主演は徳川夢声、霧立のぼる。それに水町庸子、英百合子と歌手の藤山一郎、奥山彩子が共演。音楽を古賀政男が担当していた。

藤山一郎の役柄は、音楽好きな田舎の青年役で、ピアノ、バイオリン、アコーディオン、トロンボーンなど何でも器用にこなしてしまい、作曲もできる青年となっていた。

幸運にもその田舎青年の作った曲がレコード会社に採用され、青年は希望に燃えて上京することになるが、夜汽車で上京する場面で効果的に流れるのが「なつかしの歌声」のメロディーであった。

音楽担当の古賀政男は、列車の走るリズムに合うよう作曲していて、その軽快な曲調に西條八十が戦時下の殺伐とした空気を微塵《みじん》にも感じさせない詞を綴ったのだった。

「春よいづこ」「なつかしの歌声」のどちらの詞にも戦争の影はなく、まして曲に戦時色をまったく感じさせないこれらの歌が、ヒットするのは自明の理であった。

古賀政男も次のように述懐している。

「戦時体制下、青春を押しつぶされた若者達。明けても暮れても殺伐な軍歌ばかり唄わされたり、聞かされた人達にとって、戦時色の全然ないこの二曲が、いくらかでも灰色生活に潤いをもたらしたならば、それだけでも私はこの道を歩ませて下さった神に感謝しなければならない。」

ちなみに『春よいづこ』が封切られ、「なつかしの歌声」が流れた昭和十五年は、日本の初代天皇・神武即位の年から数えて、紀元二千六百年とされていた。

幻想の年数に過ぎなかったが、政府は国を挙げての祝賀ムードに国民を駆り立て、奉祝国民歌「紀元二千六百年」が作られ、歌わされた。

「金鵄《きんし》輝く日本の　栄えある光　身にうけて　今こそ祝え　この朝《あした》　紀元は二千六百年　あゝ一億の血が燃える」

鈴懸《すずかけ》の径《みち》（昭和十七年）

佐伯孝夫　作詞
灰田晴彦　作曲
灰田勝彦　唄

友と語らん
鈴懸の径
通いなれたる
学舎《まなびや》の街

やさしの小鈴
葉かげに鳴れば
夢はかえるよ
鈴懸の径

やさしの小鈴
葉かげに鳴れば
夢はかえるよ
鈴懸の径

大東亜戦争と呼称された米・英・中・蘭との戦いで、敗戦の色が見えはじめたのは、昭和十七年六月以降であった。ミッドウェー海戦で、日本海軍は虎の子の空母四隻を失い、太平洋上の制空権を失ったのである。

軍部はその流れに背くように欧米語の一掃にかかり、楽器の名称はすべて日本語に変えさせられた。レコードは音盤、ピアノは洋琴、ヴァイオリンは提琴、コントラバスが妖怪的三弦、トロンボーンは抜きさし曲り金真鍮喇叭《らっぱ》と、まさに漫画もどきの名に変えさせられたのである。

「鈴懸の径」は、この騒動のさ中、十七年九月に、灰田勝彦の若々しいソフトな歌声で、ビクターから発売された。灰田の兄晴彦（後に有紀彦と改名）が、ハワイアン・ムードのただよう甘い明るい曲をつくり、佐伯孝夫がその曲に詞をはめ込む形をとったのである。

（谷崎潤一郎の弟、（谷崎精二を義父にもつ上山敬三ディレクターは、早稲

田大学の同窓生・佐伯孝夫と相談して、この曲に学園生活の思い出を織り込むことにしたのである

ハワイ生まれの歌手・灰田勝彦が立教大学、作曲の兄・晴彦が慶應義塾大学と、スタッフの四人は当時としてはめずらしい、東京六大学の出身者であった。相談はスムーズに進んで、灰田晴彦のハワイアン・ムードの曲にはめ込まれた詞藻は、戦時ムードにはほど遠いキャンバスへの郷愁が、そこはかとなくただよう歌になった。

友と語らん　鈴懸の径
通いなれたる　学舎《まなびや》の街

鈴懸とは、プラタナスのことであった。
灰田勝彦が通ったクリスチャン系の立教大学のたたずまいが歌い込まれ

た感じの「鈴懸の径」は、聞く者をして殺伐とした戦時下に、一服の清涼剤を飲んだような気分に誘うのだった。

〝ハワイ生まれの江戸ッ子〟の異名で知られた灰田勝彦は、この年は当たり年となって、七月の「ジャワのマンゴ売り」八月の「新雪」につづいて「鈴懸の径」と、三連発の大ヒットとなった。

戦後、「鈴懸の径」は、アメリカのベニー・グッドマン楽団のクラリネット奏者や、スリーサンズ、マランド楽団などによって吹き込まれたり、日本のスイングバンドの旗頭、鈴木章治とリズムエースが、バンドのテーマ曲にこの曲を選んでいた。

立教大学構内に、「鈴懸の径」歌碑が建てられたのは、作曲から四十年後の昭和五十七年十一月三日であった。当初、灰田勝彦は除幕式に出席して、歌うことになっていた。が、その一週間前の十月二十六日、ハワイ生まれの江戸っ子は肝臓ガンで急逝していた。

婦系図《おんなけいず》の歌（湯島の白梅）（昭和十七年）

佐伯孝夫　作詞
清水保雄　作曲
小畑　実・藤原亮子　唄

湯島通れば
思い出す
お蔦《つた》主税《ちから》の
心意気

知るや白梅
玉垣に
のこる二人の
影法師

忘れられよか
筒井筒《つついづつ》
岸の柳の
縁むすび

かたい契りを
義理ゆえに
水に流すも
江戸育ち

青い瓦斯《ガス》灯《とう》
境内を
出れば本郷
切通し

あかぬ別れの
中空に
鐘は墨絵の
上野山

絢爛《けんらん》たる語句を、自在に使いこなした鬼才・三島由紀夫は、泉鏡花の小説に対して「神仙に達している」と感嘆していた。『照葉狂言』『高野聖』『歌行燈』と、ひたすらに耽美、幻想的な小説を書いているが、初期の作品は、芸妓の登場するものが多かった。

真の恋愛が生じるのは芸妓相手と信じていた鏡花も、師・尾崎紅葉に逆《さから》い、神楽坂の芸妓・桃太郎と結ばれている。

桃太郎を知ってからは、小説のヒロインに芸妓が登場することが多くなり、『湯島詣』『婦系図』にも、桃太郎との結婚が陰をおとしていた。

とくに、『婦系図』は、鏡花の結婚を地で行くようであった。柳橋の芸妓お蔦《つた》と恋仲になった早瀬主税《ちから》は、恩師・酒井俊蔵に隠れて世帯を持つが、これを知った師が二人を別れさせたことから、波瀾万丈《はらんばんじょう》の悲恋が始まる。

物語は、脚色されて新派や映画の絶好の題材になり、湯島天神の場面が見せ場となっていた。

佐伯孝夫作詞、清水保雄作曲の「婦系図の歌」は、新派や映画『婦系図』で涙を誘うこの湯島天神のシーンを詞に綴り、しっとりとしたメロディーを付けていた。

その歌を、藤原亮子が一番、小畑実が二番、三番はデュエットで結ぶ構成となっていた。

芸妓お蔦と主税の湯島のシーンを、男女歌手が掛け合いで歌う……。意表をついたデュエットは、殺伐とした昭和十七年当時には想像し難いことだった。

流行歌がお上の命令で「歌謡曲」と変えさせられ、歌われる言葉も制限され、楽器の名称もすべて前項「鈴懸の径」で述べたように日本語に変えさせられたのである。

もちろん、レコードは敵性用語であったから『音盤』に、レコード会社もコロムビアは『日蓄』、ビクター『日本音響』キングが『富士音盤』と改名させられた。

　こんな時代であっただけに「婦系図の歌」は大ヒットし、このヒットによって、小畑実、藤原亮子、作曲家の清水保雄の三人が一気に世に知られるようになったのである。

「婦系図の歌」に、四ヶ月先だって、東宝がマキノ正博監督、長谷川一夫、山田五十鈴、古川緑波、高峰秀子、山根寿子のキャストで、泉鏡花原作の『婦系図』という映画を封切っていた。しかし、「婦系図の歌」は、泉鏡花原作に拠ってはいたが、映画の主題歌ではなかった。

　面白いことに、新派や歌で知られた湯島天神の場面は原作にはなかった。それをストーリー・テーラーの川口松太郎が巧みに脚色して、新派の定番にしたのである。

「婦系図」が「ふけいず」と読まれる時代となって、「婦系図の歌」は「湯島の白梅」と改題されている。

東京うた物語

戦後編

敗戦後、日本本土は昭和二十七年まで連合国の占領下におかれた。欧米ムードを排斥していた時代から、一気にウェルカム・アメリカとなり、東京は植民地化。銀座には花売娘、夜の盛り場には、生活に困窮して肉体をひさぐ夜の女が佇むようになった。

開放的で底抜けに明るい岡晴夫の「東京の花売娘」が大ヒットしたのは、昭和二十二年。「夢淡き東京」につづいて、夜の女をテーマの「こんな女に誰がした」と絶叫する「星の流れに」が歌われる頃には、進駐軍と呼ばれた米兵たちが、パンパンガールといわれた街娼とたわむれていた。

笠置シヅ子が、リズムに乗って咆哮するように「東京ブギウギ」を歌い、女優の高峰秀子が、「銀座カンカン娘」をヒットさせる頃には、日本は完全にアメリカの属国になり下った感になっていた。

禅の大家、鈴木大拙の息子・鈴木勝作詞、服部良一作曲の「東京ブギウギ」は、通常の歌の倍の量があるしんどい曲であった。ダイナミックに踊って歌う笠置シズ子にして、歌い終ると「あゝしんど！」と嘆息したと伝えられている。

十歳に充たない横浜の魚屋の小娘・加藤和枝が、美空ひばりの芸名で「東京キッド」「私は街の子」を歌い、一躍脚光を浴びたのは昭和二十五年だった。ひばりは、笠置シズ子の持ち歌でデビューしたが、ほどなく藤浦洸作詞・万城目正作曲の「東京キッド」、藤浦洸作詞・上原げんと作曲、「私は街の子」のオリジナル曲を持って、大空にはばたき、戦後を席巻する大歌手になった。

記念すべき初ヒット曲「東京キッド」は、

歌も楽しや　東京キッド
いきでおしゃれで　ほがらかで

右のポッケにゃ　夢がある
左のポッケにゃ　チューインガム
空を見たけりゃ　ビルの屋根
もぐりたくなりゃ　マンホール

という類の歌だった。

東京も、昭和三十年代に入ると、「もはや戦後ではない」の言葉通り、街のたたずまいは伝統ある首都の体面を、よみがえらせていた。

フランク永井が、腹にひびく低音で「有楽町で逢いましょう」をはじめ「西銀座駅前」「東京午前三時」「東京ナイトクラブ」と、師と仰ぐ吉田正作曲の都会ムード演歌で、歌謡界を制圧したのもこの時代だった。

あなたを待てば　雨が降る

濡れて来ぬかと　気にかかる
ああビルのほとりの　ティー・ルーム
雨も愛しや　唄ってる
甘いブルース
あなたと私の合言葉
有楽町で逢いましょう

吉田正は、シベリアからの引揚兵であった。敗戦後、シベリアに抑留され重労働を課せられるが、その日々に「異国の丘」を作曲していた。原題は「昨日も今日も」だったが、佐伯孝夫が作詞するに当って改題され、戦後を代表するヒットメーカー吉田の起点曲となった。

吉田正は、私に次のように語っている。

「この後、何千曲と作曲しましたが、この一曲とは重みが違います。年に一回シベリア帰りの『カーシャの会』で戦友たちと歌っています」

カーシャとはロシア語でご飯という意味で捕虜時代の飢えの体験の怨念が込められているわけだった。

東海道新幹線の開業の十日後、昭和三十九年十月十日に、東京オリンピックが開催された。九十三カ国、選手五千百五十二人参加のアジア初の五輪大会で、日本は湧きに湧き、十六個の金メダルを獲得した。

日本で大流行した「東京五輪音頭」はＮＨＫが歌詞を募集し、二千通の中から選ばれたものだった。作曲は大御所・古賀政男に依頼された。

録音権はオープンとなったため、各社競作となったが三波春夫盤の圧倒的勝利だった。

国中をあげて熱狂した東京オリンピックが終わると、ザ・タイガース、ザ・テンプターズらのグループサウンズの時代がやってくる。そして先頃亡くなった筒美京平やこれも故人となった三木たかし、平尾昌晃らの優れた作曲家、また故・阿久悠、なかにし礼を筆頭に千家和也、山上路夫らの作詞家がヒットを連発。彼らより少し前の星野哲郎、船村徹らの活躍もあって、歌謡界は黄金時代を迎えた。都はるみ、八代亜紀、北島三郎、森進一、五木ひろし等、実力のある歌手たちも一気に才能を開花させたし、またピンク・レディーが空前の大ブームを巻き起こした。

しかし、時代が平成に変わった途端、昭和の歌姫・美空ひばりが死去、人気を誇った歌謡番組『ザ・ベストテン』も終了。

昭和歌謡は静かに幕を下ろしたのである。

東京の花売娘（昭和二十一年）

佐々詩生　作詞
上原げんと　作曲
岡　晴夫　唄

青い芽を吹く
柳の辻に
花を召しませ
召しませ花を
どこか寂しい
愁いを含む
瞳いじらし
あの笑《え》くぼ
ああ　東京の花売娘

夢を見るように
花籠抱いて
花を召しませ
召しませ花を
小首かしげりゃ
広重《ひろしげ》描く
月も新たな
春の宵
ああ　東京の花売娘

ジャズが流れる
ホールの灯影
花を召しませ
召しませ花を
粋なジャンバーの
アメリカ兵の
影を追うよな
甘い風
ああ　東京の花売娘

底抜けに明かるい「オカッパル」こと、岡晴夫の戦後最初のヒット曲である。彼はこの歌を戦後の第一弾に、「啼くな小鳩よ」「憧れのハワイ航路」と、敗戦の重いうっ積を吹き飛ばす勢いで、次々とヒットを飛ばしつづけた。

勃興期の〝歌と映画の娯楽誌〟『平凡』が、当時、岡晴夫の特集をしたところ「返本はわずか、表紙が破れてしまった三冊程度だった」と、かつて清水達夫社長が私に話してくれたことがある。

オカッパルの人気の絶大さが想像できよう。

歌詞をたどると、「青い芽を吹く柳の辻に　花を召しませ　召しませ花を」と、通行人に声をかける花売娘のシーンを歌っているが、この歌が発売された頃には、東京のどの街角にも、花売娘はいなかった。

存在もしない東京の花売娘を作り出したのは、佐々詩生という誰も知らない作詞家と、戦前から岡晴夫とのコンビで「上海の花売娘」「港シャンソン」などのヒット曲を書いている上原げんとだった。

ここまで書けばわかるように、上海、広東、南京と、中国大陸を舞台の花売娘を歌って存在を示した岡晴夫に、こんどは日本の花売娘を歌わせてみようと企画された歌だったのだ。

作詞は「君恋し」の時雨音羽に依頼する予定だったが、北海道へ疎開していて連絡がとれないため、門田ゆたかにピンチヒッターを頼むことにした。門田は当時ビクター専属で、キングレコードには書けないので、佐々詩生のペンネームを使うことにしたのだ。専属制度が厳しかったレコード業界には、このような匿名行為が横行していたのである。

サトウ・ハチローに至っては、作詞のテーマによって、星野貞二、玉川映二などなど、数人のペンネームを使い分けていた。

それはさておき、「東京の花売娘」がヒットすると、世は歌につれという希有《けう》な現象が起きて、銀座の街角に花売娘が立つようになったのである。

この歌がすごい旋風を巻き起こした大きな要因は、岡晴夫の声量から、テクニックのすべてを承知していた上原げんとの、メロディー構成の巧みさにあった。そして、占領下となった日本に、アメリカのジャズのリズムが滔々《とうとう》と流れ込んで来ることを先読みして、ブギのリズムを取り入れ、リズミカルな前奏に生かしていた点にあった。

岡晴夫も期待に応えて、リーゼントに髪を整えて、歌っていた。リーゼントとは、当時流行した髪をポマードをたっぷり使って後ろに流す男性の髪型で、ポマードの使用量は半端ではなかった。

岡は自らを広告塔に、「ボーカル・ポマード」の商標でポマード会社を一時経営していたことがあった。

むろん歌の片手間で会社経営が成り立つはずはなく、ほどなく手を引くことになるが、その超多忙の歌手活動を支えるために、ヒロポン注射づけとなり、生命を縮めることになった。

夢淡き東京（昭和二十二年）

サトウ・ハチロー　作詞
古関裕而　作曲
藤山一郎　唄

柳青める日
つばめが銀座に飛ぶ日
誰を待つ心
可愛いガラス窓
かすむは春の青空か
あの屋根は
かがやく聖路加《せいろか》か
はるかに朝の
虹も出た
誰を待つ心
淡き夢の町　東京

橋にもたれつつ
二人は何を語る
川の流れにも
嘆きをすてたまえ
なつかし岸に
聞こえ来る
あの音は
むかしの三味《しゃみ》の音か
遠くに踊る影ひとつ
川の流れさえ
淡き夢の町　東京

君は浅草か
あの娘《こ》は神田の育ち
風に通わすか
願うは同じ夢
ほのかに胸に
浮かぶのは
あの姿
夕日に染めた顔
茜の雲を見つめてた
風に通わすか
淡き夢の街　東京

短調のメロディーではじまり、起・承から転じるところで長調に変り、結の部分でまた短調になるという、ちょっと類のない歌謡曲が「夢淡き東京」である。

サトウ・ハチロー作詞、古関裕而作曲、藤山一郎の爽やかな歌声で歌われ、その短・長・短と転調を繰返す風がわりなメロディーが、敗戦から日の浅い時期に受けたのだった。

長谷川幸延原作の連続ラジオ・ドラマ『音楽五人男』の主題歌として、作られていた。

違う経歴を持つ五人の男が、同じ音楽の道を志す物語で、古川ロッパ、高田稔、渡辺篤などが出演していた。

軽快なフォックス・トロットで、戦前、藤山一郎が歌って大ヒットした「東京ラプソディー」を匂わせる歌だった。

南方慰問から、戦後一年遅れで復員した藤山の久々のヒットで、「この敗戦下の日本で、果して仕事があるだろうか」と、一抹の不安を抱いていた彼に、救いをもたらした歌でもあった。

自伝『歌声よひびけ南の空に』で藤山一郎は、当時の世相を次の通りに書いている。

長い戦争……そして敗戦という有史以来はじめての経験に打ち砕かれていた人々は、娯楽に飢えていたのだった。

当時、東京や大阪など主要都市の、焼け残った映画館、劇場はどこも満員だった。

「夢淡き東京」は、こんな時世下にヒットしたわけだが、サトウ・ハチローの心おどる詞は、混乱な世相の片鱗も感じさせない東京の風影を描いていた。

歌詞が時世と乖離《かいり》していたのは、軽快な古関裕而の曲が先にできていて、詞は後で嵌め込んだからかも知れない。

古関は次のように述懐している。

「放送はヒットして評判になり、サトウ・ハチローさんに作詞を頼んだが、なかなかできない。ついに曲を先に作り、後で詞を入れてもらうことにした。サトウ・ハチローさんはマンドリンを弾いたりしていて楽譜も読めるので、作曲家としては安心して頼めた。詩人で楽譜が読める人はごく少ない。知る限りでは他に藤浦洸さんぐらいではないだろうか。さてハチローさんの詞ができて来た。それが『夢淡き東京』である。」

ドラマでは若山牧水の名歌、

白鳥は悲しからずや空の青

海の青にも染まずただよう

も、古関の曲で歌われた。

星の流れに（昭和二十二年）

清水みのる　作詞
利根一郎　作曲
菊池章子　唄

星の流れに
身をうらなって
どこをねぐらの
今日の宿
荒む心で
いるのじゃないが
泣けて涙も　かれ果てた
こんな女に誰がした

煙草ふかして
口笛ふいて
あてもない夜の
さすらいに
人は見返る
わが身は細る
町の灯影の　侘びしさよ
こんな女に誰がした

飢えて今頃
妹はどこに
一目逢いたい
お母さん
ルージュ哀しや
唇かめば
闇の夜風も　泣いて吹く
こんな女に誰がした

日本が、米英支蘭らの連合国に無条件降伏をした後、戦争によってもたらされた残酷、悲惨さを、まっ先に強いられたのが、婦女子だった。空襲で罹災して生活苦に陥ったり、夫を戦争で失い未亡人になった女性たち、父母を亡くした戦災孤児たちは、一朝にして路頭に迷うことになった。

財産を失い、手に職のない女性がたやすくできる仕事は、誇りを捨てて、身をひさぐことだった。東京、大阪など、都会の焼け跡に夜の女がたたずみ、一夜の客をあさるようになった。

作詞家の清水みのるが、新聞の投稿欄で二十一歳の女性が書いた「転落するまで」という五十行程度の一文に目をとめたのは敗戦の翌年だった。

「私はこの三月中旬、奉天から引き揚げて来ました。着の身着のままで、それこそ何一つ持ってこられなかったのです。

私は二十一歳です。奉天では看護婦をしておりました。今も免許状だけは持っております。」

投書の主は、ようやく待合の女中になったが、そこで勧められたのが身をひさぐ売春だった。

「私は驚いて、即その家を飛び出しました。

風呂敷包み一つもって――。とぼしい金もなくなって旅館を追われ、上野駅の地下道に来ました。ここを寝所にして勤め口を探しましたが、見つからず何も食べない日が二日も続きました。すると三日目の夜、知らない男が握り飯を二つくれました。私はそれを貪り食べました。

その日は確か六月十二日だったと思います。それ以来、私は『闇の女』と人からさげすまされるような商売に落ちていきました。」

この投書を読んで、深い憐みと憤りを覚え、「こんな女に誰がした」のタイトルで、詞を書いたのが前述の作詞家・清水みのるだった。

テイチク専属作詞家で、ヒット曲に田端義夫が歌った「かえり船」などを持っていた。彼は、すぐディレクターに詞を渡し、作曲を利根一郎に引き受けてもらった。

歌手は、当時テイチクの専属で〝ブルースの女王〟の異名を持つ淡谷のり子に擬せられた。

が、プライドの高い彼女は、

「私に〝夜の女〟を歌わせるつもり……」

と拒んだため、コロムビアから移籍してきたばかりの菊池章子に回された。章子は、コロムビアで純情路線を歌ってきた歌手だった。

その章子が肚を決めて、無限の恨みを吐くかのように「こんな女に誰がした！」と歌いあげたのである。

当時、夜の女は全国に四十五万人。東京だけでも四万人はいると言われていた。だが、レコードは売れなかった。ＧＨＱからもクレームが付き、一年後、「こんな女に誰がした」から「星の流れに」と穏健な題に変えられてから急に売れ始めた。

浅草の唄（昭和二十二年）

サトウ・ハチロー　作詞
万城目　正　作曲
藤山一郎　唄

つよいばかりが　男じゃないと
いつか教えて　くれた人
どこのどなたか　知らないけれど
鳩といっしょに　唄ってた
ああ　浅草のその唄を

可愛いあの子と　シネマを出れば
肩にささやく　こぬか雨
かたい約束　かわして通る
田原町から　雷門
ああ　浅草のこぬか雨

池にうつるは　六区の灯り
忘れられない　よいの灯よ
泣くな　サックスよ　泣かすなギター
明日もあかるい　朝がくる
ああ　浅草のよい灯り

吹いた口笛　夜霧にとけて
ボクの浅草　夜が更ける
鳩も寝たかな　梢のかげで
月がみている　よもぎ月
ああ　浅草のおぼろ月

昭和二十二年に封切られた松竹映画『浅草の坊ちゃん』の主題歌である。サトウ・ハチロー詞、万城目正曲、藤山一郎の歯切れのいい楷書風唱法でヒットした。

敗戦から日の浅い、昭和二十二年当時の浅草は、この「浅草の唄」で歌われている、「吹いた口笛　夜霧にとけて／ボクの浅草　夜が更ける…」と歌われている甘い雰囲気にはほど遠かった。

サトウ・ハチローは、大正から昭和にかけてのエロ・グロ・ナンセンスに彩られた庶民の盛り場、浅草をイメージして作詞していた。ハチローは昭和初期、エロとギャグとドタバタ劇を売りものに〝エノケン〟こと榎本健一が創設したカジノ・フォーリーに関わりを持ち、一時文芸部長だったことがある。

旗揚げしたカジノは、はじめは不入りだったが、態勢を立て直して再スタートするや、たちまち浅草六区の人気をさらい、連日超満員となった。

その理由は「金曜日には、踊り子がズロースを落とす」という奇怪の噂にあった。

　野暮な警視庁は、「ヅ《ママ》ロースはまた下二寸（約六センチ）未満のもの及び肉色のものはこれを禁ずること」ではじまる九条にわたる取締り条件を付けたことから、人気はさらに沸騰した。

「金曜日には、踊り子がズロースを落とす」の噂を振りまいたのは、サトウ・ハチロー説があったが、これは噂に過ぎなかった。

　エノケンのカジノ・フォーリーがなぜ盛んになったかの理由を「芝居がまずいからである。セリフが満足に言えないからである」と冒頭に挙げた上で、『忠臣蔵』をやろうと提案されると、「定九郎にはゴルフのパンツをはかせ、勘平にはピストルを持たせ、死ぬときはカルモチンを飲ませる」など、およそナンセンスな扮装とセリフを衆議で決めたとハチローは述べていた。

菊田一夫の怪作『疑（義）士銘々伝』はこの結果、制作され、エノケンの珍演で人気を呼んだものだった。

戦前、エノケンの座付作者として浅草を沸かしたサトウ・ハチローだけに、この街の持つごった煮の猥雑感は、身を持って知っていた。しかし、戦後の殺伐とした浅草を見るにつけ、そのたたずまいを歌に綴るにしのびないと、遥か遠くなつかしい郷愁の浅草を思い浮かべ、「浅草の唄」を書いたと考えられる。その思いは、

吹いた口笛　夜霧にとけて
ボクの浅草　夜が更ける
鳩も寝たかな　梢のかげで

のほのかなセンチメンタル調に実ったのだろうか。

東京ブギウギ（昭和二十三年）

鈴木　勝　作詞
服部良一　作曲
笠置シヅ子　唄

東京ブギウギ　リズムウキウキ
心ズキズキ　ワクワク
海を渡り響くは　東京ブギウギ
ブギの踊りは　世界の踊り
二人の夢の　あのうた
口笛吹こう　恋とブギのメロディ
燃ゆる心のうた　甘い恋の歌声に
君と踊ろよ　今宵も月の下で
東京ブギウギ　リズムウキウキ
心ズキズキ　ワクワク
世紀のうた　心のうた
東京ブギウギ　ヘイー

さあさブギウギ　たいこたたいて
派手に踊ろよ　歌およ
君も僕も　愉快な東京ブギウギ
ブギを踊れば　世界は一つ
同じリズムとメロディよ
手拍子取って　うたおうブギのメロディ
燃ゆる心のうた　甘い恋の歌声に
君と踊ろよ　今宵も星をあびて
東京ブギウギ　リズムウキウキ
心ズキズキ　ワクワク
世界のうた　楽しいうた　東京ブギウギ
ブギウギ　陽気なうた　東京ブギウギ
ブギウギ　世紀のうた　歌え踊れよ
ブギウギ

敗戦後の日本に、復興の息吹を与え活力を与えたのが、底抜けに明るい「東京ブギウギ」であった。

ジャズ音楽に精通していた服部良一が作曲。禅の研究で知られた鈴木大拙の息子、鈴木勝の作詞である。

歌ったのは、この一曲の大ヒットで〝ブギの女王〟の名をほしいままにする笠置シヅ子で、昭和二十三年（一九四八）一月に発売された。

昭和十年代に「別れのブルース」「雨のブルース」など、ジャズの真髄を示すブルース音階を、日本にもたらしたのが服部良一だった。

しかし、軍部に疎まれ、彼のブルースは次々に発禁になって「服部ブルース」ならぬ「発禁ブルース」と言われたという。

服部は戦争が終わるや、その屈辱感を吹き飛ばす覚悟を固め、昭和二十一年の新春、エノケン一座の『踊る竜宮城』の音楽を手はじめに、三月、有楽座でエノケン、笠置シヅ子の菊田一夫作『舞台を回る』の音楽を受け持ち、笠置に「コペカチータ」を書いていた。

翌二十二年新春、日劇で笠置シヅ子をカルメン役に『ジャズ・カルメン』を試みた。そして、

「敗戦で日本人が虚脱状態に陥っていたなかで、大衆音楽家たちが文化復興の気勢を示した」

の新聞批評をえて、大いに自信をつけていた。

服部良一は、この勢いを駆って、笠置シヅ子にブギウギを歌わせたらの思いになった。そんなある日、中央線の終電に近い満員電車の中で、アフター・ビートのブギのリズム「ソ、ラ、ド、ミ、レ、ド、ラ」のメロディーをつかんだのだった。

その曲が「東京ブギウギ」だった。あとは歌詞であった。

服部は、新しいリズムには既成の作詞家より新人がいいだろうと、旧知の日米の混血児・鈴木勝に、詞をはめこんでもらうことにした。

「躍動するリズムだから、調子のいい韻語がほしい。言葉に困れば、東京ブギウギ　リズムウキウキ　といった文句を繰り返せばいいんだ」

と、アドバイスを与えた。

数日後、書いて来た鈴木の詞は「池のまわりを　ぐるっとまわって　君と踊ろよ　東京ブギウギ……」といった詞で、字足はぴったりこないし、リズミカルではなかった。

吹きこみが迫っていたので、服部と共同作業で「心ズキズキ　ワクワクする詞に作りあげたのだった。

シヅ子は、初めてのブギウギの吹き込みにあたって、パンチのある咆哮のような野生にあふれた歌唱で、ビートに乗って全身で歌いあげた。

二十三年正月、大阪の梅田劇場で初披露したところ、彼女は服部の指示に従って、体を揺らせて、ジグザグに動いて踊りながら、バイタリティーにあふれた咆吼唱法で、熱狂的に受け入れられた。

東京の屋根の下（昭和二十三年）

佐伯孝夫　作詞
服部良一　作曲
灰田勝彦　唄

東京の　屋根の下に住む
若い僕等は　幸福者
日比谷は　恋のプロムナード
上野は　花のアベック
なんにもなくても　よい
口笛吹いて　ゆこうよ
希望の街　憧れの都
二人の夢の東京

東京の　屋根の下に住む
若い僕等は　幸福者
銀座は　宵のセレナーデ
新宿は　夜のタンゴ
なんにもなくても　よい
青い月の　光に
ギターを弾き　甘い恋の唄
二人の夢の東京

東京の　屋根の下に住む
若い僕等は　幸福者
浅草　夢のパラダイス
映画にレビューにブギウギ
なつかし　江戸の名残り
神田　日本橋
キャピタル東京　世界の憧れ
たのしい夢の東京

敗戦から三年後の東京は、まだ戦災の傷跡が痛々しいまでに残っていた。暮しを維持するのに精一杯の日々で、庶民の心は退廃していた。

しかし、連合国の占領下とはいえ、待望の基本的人権の保障・主権在民・戦争放棄の三つを基本精神とする新憲法が公布され、前途にかすかな明るさが射し始めていた。

首都東京を舞台にした「東京の屋根の下」が、灰田勝彦の甘く明るい歌声で流れ始めたのは、二十三年の暮も迫った頃であった。

佐伯孝夫作詞、服部良一作曲の「物はなくても、夢と希望が持てれば、若い僕等は幸福者《しあわせもの》だ」と歌う典型的な東京ソングだった。

西條八十の「東京行進曲」で定石化された首都の盛り場、日比谷、上野を一番に、銀座、新宿が二番、浅草、神田、日本橋の地名が三番に織り込まれていて、さらにそれらの町の特色を日比谷は恋の散歩の道《プロムナード》。上野は花の男女二人連れ《アベック》。メインストリートの銀座の宵は夕べの音楽《セレナーデ》。新宿は四分《タ》の二拍《ン》子《ゴ》のダンス曲。さらに下町の盛り場、浅草は夢の天国《パラダイス》、神田・日本橋はなつかしい江戸の名残りをたたえた町と歌われ結びは、「なんにもなくてもいい、ここに住めれば僕等は幸福者、若さを満喫できて幸福なんだよ」と唱《とな》えていた。

〝ハワイ生まれの江戸ッ児〟を自称する〝野球ッ児〟の灰田勝彦が歌うのに、まことにぴったりしていた。

昭和五年に作られたフランス映画『巴里の屋根の下』で歌われた主題歌モレッティ原作の詞を、西條八十が留学時代を回想して意訳。橋本国彦が編曲、田谷力三が歌った題名にあやかっていた。

メロディーは先に出来ていて、詞は後からはめ込まれていた。服部良一は、その理由を『ぼくの音楽人生』で、次の通りに述べていた。

このころ（注・昭和二十三年）僕は、コロムビアの専属以外の歌手とも仕事がしたくなり、フリーになった。これに関して、一つの秘話がある。
仕事で金沢に出向き、自由時間に加賀百万石で有名な城のまわりをそぞろ歩いているとき、ふと、二つのメロディーが浮かんだのである。すぐに宿に帰って譜面にまとめた。一枚の楽譜にはディック・ミネ用と書き、一枚の楽譜には灰田勝彦用と記入した。コロムビア以外の歌手である。（中略）
作曲家というものは声に惚れるものだ。その歌手の魅力に刺激されて曲想が浮かぶことがある。（中略）
だが、専属契約があるから、いかんともしがたい。ディック・ミネ用は、帰京後、霧島昇でレコーディングした。これが「胸の振子」（サトウハチロー詞）である。
今一つの灰田勝彦用は、この後、ビクターとも仕事ができるようになって、思い通り彼によって吹き込んだ。昭和二十三年の十二月に発売された「東京の屋根の下」（佐伯孝夫詞）がこれである。

かりそめの恋（昭和二十四年）

高橋掬太郎　作詞
飯田三郎　作曲
三条町子　唄

夜の銀座は
七いろネオン
誰にあげよか
くちびるを
かりそめの恋
あゝ虹の恋
ふと触れ合うた
指かなし

どうせ売られた
花嫁人形
胸で泣いても
笑い顔
かりそめの恋
あゝ虹の恋
まぼろしならぬ
君欲しや

金の格子の
鳥籠抜けて
飛ぶか心の
青空へ
かりそめの恋
あゝ虹の恋
夜風よ吹くな
やは肌に

夜の銀座は　七いろネオン
誰にあげよか　唇を

昭和二十四年十一月。鮮烈なブルース調の「かりそめの恋」を、投げやり風に歌ってデビューした新人歌手がいた。高橋掬太郎の心憎い詞と、飯田三郎の曲が相乗して、七色のネオンに彩られた夜の銀座のムードが見事に捉えられた歌は、たちまち全国で歌われるようになった。

新人の三条町子はこの一曲で知られるが、当初はぶっきらぼうな歌いぶりと声の感じが、「こんな女に誰がした」と絶唱した菊池章子にそっくりだったので、彼女が歌っているのかと思われた。

ところが、三条町子は本名・宮野信子といい、前年四月に本名のままで「泪のブルース」でデビューしていた歌手だった。

彼女は銀座の松坂屋に勤めて、コーラス部で歌っているうちに歌手を志し、大村能章の創設した日本歌謡学院に通っていた前歴があった。

同窓には菊池章子、「港が見える丘」の平野愛子、「君の名は」で名を挙げる織井茂子らがいた。

彼女らに共通していたのは、しっとりと濡れたような歌唱力を持ちながら、ぶっきら棒で投げやりに歌うアンビバレントな唱法で、それがあやしい魅力を発散させていた。

宮野信子の本名で歌った「泪のブルース」は不発に終ったが、三条町子で歌った「かりそめの恋」は、飯田三郎の曲調に見事にマッチして、彼女はキングの期待の星になった。

飯田三郎は、昭和二十二年高橋掬太郎とのコンビで「啼くな小鳩よ」を岡晴夫に歌わせ、明るい中に哀愁味のあるメロディーが受けて大ヒットしていた。

以来、飯田三郎への注文は「啼くな小鳩よ」調が多く、作曲意欲をそそるものではなかった。飯田の心の裡にはブルース調の「かりそめの恋」のような曲を作ってみたい気持ちが強かった。

しかし、企画会議にはパスしなかった。たまたま、大映で川口松太郎の恋愛小説『かりそめの初夜』を、戦前の大ヒット『愛染かつら』ふたたびの思いをこめて、『愛染草』のタイトルで映画化することになった。

主題歌の「愛染草」はA面、「かりそめの恋」はB面に決まり、作詞・高橋掬太郎、作曲・飯田三郎、歌はA面が林伊佐緒、B面が三条町子に決まった。

映画主題歌は、通常、発売が映画の封切りに合わせるため、期限が迫っている。加えて、新人に歌わせるB面とあっては、企画会議できびしい注文もない。飯田三郎には、思うツボであった。

飯田は、ここぞとばかり、夜の世界を熟知した高橋掬太郎の詞に、思いのタケを曲付けしたのだった。

銀座カンカン娘（昭和二十四年）

佐伯孝夫　作詞
服部良一　作曲
高峰秀子　唄

あの娘《こ》可愛いや　カンカン娘
赤いブラウス　サンダルはいて
誰を待つやら　銀座の街角
時計ながめて　ソワソワニヤニヤ
これが銀座の　カンカン娘
これが銀座の　カンカン娘

雨に降られて　カンカン娘
傘もささずに　靴までぬいで
ままよ銀座は　私のジャングル
虎や狼　恐くはないのよ
これが銀座の　カンカン娘
これが銀座の　カンカン娘

指をさされて　カンカン娘
ちょいと啖呵《たんか》も　切りたくなるわ
家はなくても　お金がなくても
男なんかにゃ　だまされないぞえ
これが銀座の　カンカン娘
これが銀座の　カンカン娘

カルピス飲んで　カンカン娘
一つグラスに　ストローが二本
初恋の味　忘れちゃいやよ
顔を見合せ　チュウチュウ　チュウチュウ
これが銀座の　カンカン娘
これが銀座の　カンカン娘

なにやらパンダの愛称を連想させるこの歌は、昭和二十四年八月に公開された新東宝映画の主題歌である。

映画も同名のタイトルで、高峰秀子が主演し、陽気に歌っていた。

子役は大成しないのジンクスを破って、天才的な子役から見事にスター女優になった彼女は、歌にもすぐれた才能を示し、昭和十七年三月に「森の水車」を歌っていた。

この曲は、欧米調社名が許されなくなって、ポリドールが大東亜レコードと改めた後の発売だった。しかし、米山正夫作曲の軽快なホーム・ソング調が災いして、欧米調だときめつけられ、発売禁止になっていた。

発売前に発売を止められたため、「森の水車」のメロディーも、歌ったデコちゃんこと高峰秀子の歌唱力も知られることはなかった。

戦後になって、そのデコちゃんが、面妖《めんよう》なタイトルの「銀座カンカン娘」を歌ったとあって、多くのファンを驚かせた。

歌もさることながらこの歌の「カンカン」の意味が理解できずに、聴く者を戸惑わせたものだった。

あの娘可愛いや
カンカン娘
赤いブラウス
サンダルはいて……

のフレーズで、軽快に歌い出される佐伯孝夫作詞、服部良一作曲の歌だったが、歌の主人公の言動を歌詞から追求すると、かなりのお転婆ぶりがあぶり出されてくる感じだった。

まず、いでたちが「赤いブラウス　サンダルばき」で、雨に降られても「傘もささずに　靴までぬいで」しまうおきゃんぶり。銀座ジャングルに横行する「虎や狼　恐くはないのよ」の意気込みだった。

こんな伝法のカンカン娘に後指を差そうものなら、「ちょいと啖呵も切りたくなるわ」と凄まれる。その上「家はなくても　お金がなくても　男なんかにゃ　だまされまいぞぇ」と、男の甘言には乗らない気丈夫さを持ち、それでいて初恋の味カルピスを、一つグラスに二本のストローで飲む人がいる……といった流れになっていた。

歌が作られた当初、巷のカンカン・ガクガクの論争に先行して、「銀座カンカン娘」を制作した映画関係者の間で「カンカン」の意味の詮索《せんさく》が、行われていたのである。

映画を監督した島耕二をはじめ、シナリオを書いた博覧強記の山本嘉次郎、そして作詞をした新聞記者上りの佐伯孝夫も加わって、あれこれと話し合ったが、ついに正体不明の新造語で終ってしまったという事実があった。

東京キッド（昭和二十五年）

藤浦 洸 作詞
万城目正 作曲
美空ひばり 唄

歌も楽しや　東京キッド
いきでおしゃれで
ほがらかで
右のポッケにゃ
夢がある
左のポッケにゃ
チューインガム
空を見たけりゃ
ビルの屋根
もぐりたくなりゃ
マンホール

歌も楽しや　東京キッド
泣くも笑うも
のんびりと
金はひとつも
なくっても
フランス香水
チョコレート
空を見たけりゃ
ビルの屋根
もぐりたくなりゃ
マンホール

歌も楽しや　東京キッド
腕も自慢で
のど自慢
いつもスイング
ジャズの歌
おどるおどりは
ジタバーグ
空を見たけりゃ
ビルの屋根
もぐりたくなりゃ
マンホール

美空ひばりの初期のヒット曲は、藤浦洸作詞、万城目正作曲が多い。「丘のホテルの　赤い灯も　街のあかりも　消えるころ」の「悲しき口笛」。「歌も楽しや　東京キッド　いきでおしゃれで　ほがらかで」の「東京キッド」も、藤浦・万城目コンビである。

ひばりが歌ってヒットした曲は、同じタイトルで映画化されたり、逆に好評な映画の主題歌が、ヒットするという相関関係にあった。

初期ひばり映画と歌の代表「東京キッド」は、昭和二十五年（一九五〇）に製作された斉藤寅次郎監督のドタバタ喜劇だった。

主演は美空ひばりで、彼女を支える脇役は、川田晴久、エノケン、アチャコ、堺駿二といった錚々たる顔ぶれだった。天才的少女歌手のおとな顔負けの、歌と演技をみせる映画であったから、そのストーリーはきわめてシンプルだった。

母に早く死別したひばりが、面倒をみてもらっていたホステスのお姉さん（高杉妙子）を交通事故で失い、流しの歌手・川田晴久に拾われて、おんぼろアパートで生活を共にするようになった。

はじめは、ギクシャクした関係だったが、いつしか情がわいて、実の父娘のようになって、流し稼業をはじめた。

そんなとき、アメリカで成功した実の父、アチャコが現れる。が、ひばりは母親を不幸な境遇に陥れ、死なせた父を許さない。

娘との愛情をとりもどしたいアチャコは、あの両手を左右に振る独特な歩き方で、

「まったく、ムチャクチャでゴザリマスルガナ」

といったお手挙げの体で、父親の悲哀を、笑いの中に見せつける。

この姿を見て川田晴久は、父親アチャコの悲哀を救うために、一計を案じ一芝居を打ち、ひばりを父のもとに行かせることに成功。

「メデタシ　メデタシ」になる筋書きだった。

映画の筋書きのシンプルさに対し、ひばりが映画の中で歌うオリジナル曲は「東京キッド」と「浮世航路」（藤浦洸作詞・万城目正作曲）。さらにキャバレーで、近江俊郎の大ヒット曲「湯の町エレジー」と、久保幸江のヒット曲「トンコ節」を歌うシーンは、歌いぶりといい、演技力といい見ごとなものだった。

ひばりは、ハンチングを横っちょにかぶり、つなぎズボンをはいた靴磨きに扮して「東京キッド」を歌った。

作詞した藤浦洸は書いている。

「昭和二十四年『河童ブギ』が七月で『悲しき口笛』は九月に出ている。この『悲しき口笛』が突如として火の手を上げたのである。『河童ブギ』の方はこの火の手に圧倒されて、やがて消えてしまった。美空ひばり、全く一瞬のできごとのようであった。」

ところが、その次に大きな火の手になったのが、「東京キッド」だった。

私は街《まち》の子（昭和二十六年）

藤浦 洸 作詞
上原げんと 作曲
美空ひばり 唄

わたしは街の子
巷《ちまた》の子
窓に灯《あかり》が
ともる頃
いつもの道を
歩きます
赤い小粒の
芥子の花
あの街角で
ひらきます

わたしは街の子
巷の子
なんで灯が
恋しやら
いつもの歌を
歌います
柳落葉が
ひらひらと
赤いリボンに
つもります

わたしは街の子
巷の子
ついた灯が
また消えりゃ
いつもの人に
出逢います
今は恋しい
母様に
うしろ姿も
そっくりな

美空ひばりの生い立ちを象徴する歌に「私は街の子」がある。

昭和二十四年（一九四九）、「河童ブギウギ」「悲しき口笛」でレコード界にデビューしてから、十八番目に吹き込んだ歌であった。

ひばりが、五十二年の生涯で吹きこんだ歌は、千五百余曲を数えるが、その歌の中で、庶民の住む街の中から飛び立ったことを明確に示したのは、タイトルからみて「私は街の子」だっただろう。

作詞は藤浦洸、作曲は上原げんとで、同名の映画の主題歌として作られていた。

私は街の子　巷の子
窓に灯が　ともる頃

この歌の吹き込みがあった日、たまたまコロムビアに来ていた二葉あき子は、モニタールームに駆け込んできて「先生、聞かせて下さいね」と、立ち会っていた藤浦洸の許しを得て、じっとひばりの歌に聞き入った。

二葉は、戦前からのベテラン歌手で、昭和十四年に「古き花園」の初ヒットで知られ、つづいて「純情の丘」「なつかしの歌声」「新妻鏡」「高原の月」と、毎年のようにヒットを飛ばし、戦後は二十一年に藤浦洸作詞、仁木他喜雄作曲の「別れても」が大ヒット。二十二年「夜のプラットホーム」、二十三年「緑の牧場」「恋の曼珠沙華」「愛よもういちど」、二十五年「水色のワルツ」と、コロムビア専属の女性歌手では、高峰三枝子、笠置シヅ子らとともに、ドル箱的な存在だった。

その人気歌手が、少女歌手、美空ひばりの吹き込みを聞くために、モニタールームにかけ込んで来たのは、ひばりが「悲しき口笛」「東京キッド」と、突如として火の手を上げ、先輩歌手たちを驚かしていることにあった。

さて、藤浦洸とモニタールームに閉じこもった二葉あき子は、固唾《かたず》をのんでひばりの歌を聞いていた。

「終って、ひばりがルームに入って来ると、二葉はひばりの両肩を押さえて『にくらしいほどあなたはお上手よ。くやしいからこれをご褒美《ほうび》にあげる』といって、こぶしで軽くなでるようにひばりの頭をたたいた。

ひばりはうれしそうに、『お姉さま、ありがとう』といった。」

と、藤浦洸は書いていた。

その頃、一手にひばりの作詞をしていた藤浦洸は、作詞仲間から「小児科だね」と軽蔑の眼で見られ、からかわれたものだった。

ところが、次々に歌がヒットしたことから、からかった連中まで、ひばりに積極的に作品を提供するようになった。藤浦はつづける。

「彼女はそのどれも上手にこなしていった。民謡、演歌、ジャズ、なんでもやれた。それぞれの時の流行の歌を消化し（中略）やってのける。まず天才というべきであろう。」

街のサンドイッチマン
（昭和二十八年）

宮川哲夫　作詞
吉田　正　作曲
鶴田浩二　唄

ロイド眼鏡に
燕尾服
泣いたら燕が
笑うだろう
涙出た時ゃ　空を見る
サンドイッチマン
サンドイッチマン
俺らは街の　お道化者《どけもの》
呆《とぼ》け笑顔で
今日もゆく

嘆きは誰でも
知っている
この世は悲哀の
海だもの
泣いちゃいけない　男だよ
サンドイッチマン
サンドイッチマン
俺らは街の　お道化者
今日もプラカード
抱いてゆく

あかるい舗道に
肩を振り
笑ってゆこうよ
影法師
夢をなくすりゃ
それまでよ
サンドイッチマン
サンドイッチマン
俺らは街の　お道化者
胸にそよ風
抱いてゆく

サンドイッチマンとは、前後に看板を吊したサンドイッチ・スタイルで街を練り歩く宣伝マンのことだが、日本に初めて登場したのは、昭和六年だった。

浅草仲見世に、人気絶頂のチャップリン・スタイルで銀座の電気屋・牧十四が雇われて、広告看板に挟まって評判を呼んだのである。

それが戦後、街頭の動く広告として復活。一躍銀座名物になったのは、元連合艦隊司令長官・高橋三吉大将の子息だった。

世が世であれば、海軍大将の子息として、悠々自適の生活を送れたであろう人物が、銀座の商店の看板を前後に吊し、おどけた格好で街頭を行き来しはじめたのである。

この街のお道化者《どけもの》をテーマに「街のサンドイッチマン」を作詞したのが宮川哲夫だった。敗戦の年から八年を経た昭和二十八年(一九五三)である。

宮川のこの詞に、ヨナ抜き短音階ながら演歌の臭みを抑えて、都会派歌謡のメロディーを付けたのは吉田正だった。

「異国の丘」の作曲者として、遅ればせにデビューし、数々の作曲を手がけながら、再ヒットに恵まれない作曲家だった。「異国の丘」で知られてから、ビクター専属になって五年、「街のサンドイッチマン」までに二百曲に一曲欠ける百九十九曲を作曲していたと知れば、下積みの長さがわかるだろう。

しかし、吉田正はこの下積み時代に、街に出て都会の音、匂い、色彩、人波の洗礼を受け、夜はバーやクラブで酒と女のカクテルの妖しい雰囲気に酔い、それを音に表現することに努めていたのである。

宮川の「街のサンドイッチマン」は、都会派歌謡に新境地を拓こうとする吉田正に、願ったり叶ったりのテーマに思われた。が、宮川は作曲家の上原げんとにこの詞を持ち込み「こんなの童謡だよ」と軽くあしらわれ、断られていた。

次善策で吉田正に作曲を頼んだのだった。吉田は様々な作詞家から託された詞を、鞄に入れて持ち歩く習慣があり、たまたまビクターで鶴田浩二に会った折りに「街のサンドイッチマン」を見せたのだった。

天下の二枚目、鶴田は、街の道化師の詞を目にとめると、「ぜひ歌いたい」と言い、佐伯孝夫の「さすらいの湖畔」のB面に入れることにしたのだった。

鶴田もまた、ヒットに恵まれず、新曲で勝負したい心境にあった。

吉田正は、「街のサンドイッチマン」を、ヨナ抜き短音階のメロディーを付けながら、ブルースのリズムと三連符を多用するという、この後に展開される都会派歌謡ムードの先鞭をつける曲調でまとめた。

それを、鶴田は甘いソフトな唱法の中に、どことなくニヒルの陰をただよわせて歌った。

街のサンドイッチマンの心象風景は、鶴田浩二の唱法に見事に生かされ、〝大人の歌う童謡〟は成功したのである。

銀座の雀（昭和三十年）

野上　彰　作詞
仁木他喜雄　作曲
森繁久彌　唄

たとえどんな人間だって
心の故郷があるのさ
俺にはそれが　この街なのさ
春になったら
細い柳の葉が出る
夏には雀がその枝で啼く

雀だって唄うのさ
悲しい都会の塵の中で
調子っぱずれの唄だけど
雀の唄は　おいらの唄さ

銀座の夜　銀座の朝
真夜中だって知っている
隅から隅まで知っている

おいらは銀座の雀なのさ
夏になったら啼きながら
忘れものでもしたように
銀座八丁とびまわる
それでおいらは
うれしいのさ

すてばちになるには
余りにもあかるすぎる
この街の夜も
この街の朝にも
赤いネオンの灯さえ
明日の望みに
またたくのさ

昨日別れて
今日は今日なのさ
惚れて好かれて　さようなら
後にゃなんにも残らない
春から夏　夏から秋
木枯しだって知っている
みぞれの辛さも　知っている

おいらは銀座の雀なのさ
赤いネオンによいながら
明日の望みは風まかせ
今日の生命に生きるのさ
それでおいらは
うれしいのさ

昭和の末期、日本の演劇、映画、放送の分野で最長老の位置づけにあったのが、森繁久彌であった。

芸の幅が広く、ミュージカル『屋根の上のヴァイオリン弾き』の主役のテヴィエを好演する一方で、映画『猫と庄造と二人のをんな』『夫婦善哉』『恍惚の人』、さらに舞台『佐渡島他吉の生涯』でシリアスな役を演じ、壮年期に大当たりをとった東宝映画『三等重役』などで、軽妙な喜劇人としての芸を確立していた。

また、ラジオのコントで聞かせる、テンポのいい話術も見事だった。それのみか、昭和三十四年（一九五九）には森繁プロを創立し、その第一作『地の涯に生きるもの』を製作・主演。北海道は知床に長期ロケを行って、その雄大な大地に感動して、筆の赴くままに、一篇の抒情歌「知床旅情」を作詞作曲して、コロムビアで吹き込み〝森繁ぶし〟の真価を世に問うていた。

独特な節回しの〝森繁ぶし〟は、森繁出演の『七人の孫』の演出者・久世光彦の分析によると次の通りであった。

（1）かなり極端なヴィブラート。（2）そのときの気分で、聴いてくれるお客におかまいなく気持ちよさそうに伸ばす。（3）歌詞の中の（シ）を（ｓｈｉ）ではなく（Ｓｙ）と発音する。たとえば（シレトコ）は（ｓｈｉｒｅｔｏｋｏ）ではなく（Ｓｙｒｅｔｏｋｏ）と歌わなくてはならない。

分析者の久世が勝手に選んだ〝森繁ぶし〟のベストスリーは（1）「満州里小唄」（2）「真白き富士の嶺」（3）「知床旅情」そして次点が「王様の馬」だった。

これは久世光彦のランキングであるが、森繁ファンをはじめ多くの人の推す〝森繁ぶし〟のトップにあげられるのが「銀座の雀」か「どじょっ子ふなっこ」あたりであった。

「銀座の雀」は、「歌は語るが如く」に歌う森繁久弥の個性をむき出しにした典型であった。

歌の成り立ちは、詩人の野上彰が銀座の飲み屋『馬上盃』の壁に書きなぐった落書きに、仲間の仁木他喜雄が興にのって曲をつけたものだった。

これを、NHKラジオ『愉快な仲間』のコンビ藤山一郎が折目正しく歌ったが、落書きから生まれた歌に、プロ歌手はお呼びではなかった。

つまり、「銀座の雀」は、歌と語りが未分化で、歌が同時に語りで、語りがまた歌のようになっていたので、正統派歌手・藤山一郎でももてあましていた。それを森繁が歌って見事に成功したのは、いみじくも久世光彦が分析しているように、「そのときの気分で、聞く者におかまいなく気持ちよさそうに伸ばし、極端なヴィブラートをつけて、歌うように語り、語るように歌っていた」からである。

ガード下の靴みがき（昭和三十年）

宮川哲夫　作詞
利根一郎　作曲
宮城まり子　唄

紅い夕陽が
ガードを染めて
ビルの向うに
沈んだら
街にゃネオンの
花が咲く
俺《おい》ら貧しい
靴みがき
ああ　夜になっても
帰れない

墨によごれた
ポケットのぞきゃ
今日も小さな
お札だけ
風の寒さや
ひもじさにゃ
馴れているから
泣かないが
ああ　夢のない身が
つらいのさ

誰も買っては
くれない花を
抱いてあの娘が
泣いてゆく
可愛想だよ
お月さん
なんでこの世の
幸福《しあわせ》は
ああ　みんなそっぽを
向くんだろ

宮城まり子の張りのある声で、「ガード下の靴みがき」が歌われたのは、敗戦から十年後であった。

戦後の瓦礫《がれき》の跡や荒廃した街の風景は、朝鮮戦争の特需景気でようやく払拭《ふっしょく》され、貧しい戦災孤児の靴みがきは、街頭にほとんど見かけられなくなっていた。

そんな時期にこの歌がヒットしたのは、宮川哲夫の哀愁のこもった詞と、詞に相乗した利根一郎の感傷的なメロディー、それを大きくふくらませた宮城まり子の可憐な歌声にあった。

この歌には、一番と二番の間に「え、お父さん？　死んじゃった……お母さんも病気なんだ……」云々のセリフが入っていた。まり子はそのセリフをいかにもせつな気に訴え、聞く者の涙を誘った。

彼女は幼い時期に母親に先だたれ、父親と弟を交えた一家ぐるみの、旅廻りの小さな劇団で暮しを立てていた。小柄で童顔であったことから、ビクターの専属歌手になってから、弟を兄に仕立て、年齢を数歳も若く偽っていた。

巧妙に演出されたまり子のイメージは、「俺ら貧しい　街みがき　ああ夜になっても　帰れない」と告白し、「風の寒さや　ひもじさにゃ　馴れているから　泣かないが　ああ　夢のない身が　つらいのさ」と哀愁こめて歌う「ガード下の靴みがき」の身の上に、見事にマッチさせていたのである。

この四年前、暁テル子が歌ってヒットした「東京シューシャイン・ボーイ」が、底抜けに明るさを強調していたのに対し、こちらは対照的に暗く、物悲しかった。

『経済白書』の冒頭で「もはや〝戦後〟ではない」と宣言される一年前の、昭和三十年七月発売の「ガード下の靴みがき」は、時代相にいちじるしく乖離《かいり》していたというべきだろう。

それは、宮城まり子という大輪な花を咲かせるタレントの、才能を予見したビクターのしたたかな商魂と考えられた。

彼女はこのヒットでスター歌手になり、この歌をテーマにしたミュージカルに出演した後、菊田一夫の作・演出で『まり子自叙伝』を演じて、舞台女優の評価を高め、さらに静岡県掛川市に肢体不自由児療護施設「ねむの木学園」を、私財を投じて開園した。

園長として、同学園を立派に経営する一方で、戦後文壇の象徴的存在だった吉行淳之介と私生活を共にする……。

「ガード下の靴みがき」をスプリング・ボードに、まり子は社会的に知られる名士に育っていったのである。

ＮＨＫ紅白歌合戦には八回も出場し、平成には瑞宝小綬章を受賞している。

令和二年、悪性リンパ腫のため死去。九十三歳だった。

東京の人（昭和三十一年）

佐伯孝夫　作詞
吉田　正　作曲
三浦洸一　唄

並木の雨の　トレモロを
テラスの椅子で
ききながら
銀座むすめよ
なに想う
洩らす吐息に
うるむ青い灯《ひ》
しのび泣く　恋に泣く
東京の人

夜霧の日比谷　ゆく人も
隅田の流れ
見る人も
恋に身を灼《や》く
シルエット
君は新宿
僕は浅草
しのび泣く　恋に泣く
東京の人

都のすがた　店々は
変れどつきぬ
恋の唄
月の渋谷よ
池袋
花は今日咲き
明日《あす》もかおるよ
しのび泣く　恋に泣く
東京の人

佐伯孝夫・吉田正のコンビでヒットした曲は、おびただしい。「吉田正　自選七七曲」から作詞家名を挙げてみると、佐伯孝夫が第一位で四十五曲（五八・四％）宮川哲夫が第二位で八曲（一〇・四％）と、佐伯がだんぜん群を抜いている。

一方、「吉田正　ムード・メロディー20選」でも、やはり似たように佐伯孝夫が十三曲（六五％）宮川哲夫四曲（二〇％）となっているが、そのベストテンを見ると、「有楽町で逢いましょう」をトップに、「夜霧の第二国道」「赤と黒のブルース」「好きだった」「西銀座駅前」「東京ナイトクラブ」「泣かないで」「街燈」「夜がわるい」「グッド・ナイト」。

そして十一位に三浦洸一の美声でヒットした「東京の人」が入っている。

この曲名からみて、吉田正は「都会派歌謡」の第一人者であり、東京・銀座・夜などを音で捉えた名作曲家だったといえるが、それを支えたのが佐伯孝夫、宮川哲夫の二人の作詞家だったのだ。

歌手はフランク永井、鶴田浩二、松尾和子、それに和田弘とマヒナスターズで、直弟子の橋幸夫、三田明、吉永小百合らが外れているのは、青春ものの、股旅ものといった吉田メロディーの傍流歌謡を歌っているからだった。この項にとりあげた「東京の人」を歌った三浦洸一も、吉田の門下生で楷書派歌手だった。

鶴田浩二やフランク永井ら、都会派歌謡の常連を抑えて、正統派の三浦が「東京の人」で成功したのは、銀座、新宿、浅草、渋谷、池袋など、盛り場の地名と、その場所に織り込んだ淡い感傷を、みごとに歌っていたからだろうか。

昭和初期、西條八十作詞、中山晋平作曲、佐藤千夜子の歌で大ヒットした「東京行進曲」以来、「東京」を冠した歌は実に多かった。三分間で歌われるそれらの詞の中には、各時代の街の表情、雰囲気が描き込まれていた。詞藻に用いられた外来語の片言隻語にも、それは色濃かった。

「東京の人」にも、「並木の雨のトレモロを」、「テラスの椅子で」とか「恋に身を灼くシルエット」といった外来語が散りばめられていた。

　これはヒット曲の印税を惜しげもなく、銀座での豪遊に費やしていたという佐伯孝夫が、からだと心でつかんだ街の表情を、三分間の人生の詞に実らせた成果だったといっていいだろう。

　吉田正は、「いい詞には必ずいい曲がつく」と語っていた。肝臓を痛めつけてまでも、曲想を求めて夜の盛り場を彷徨しながら、「いい詞にめぐり逢ったときには背中にゾクッと、戦慄《せんりつ》（旋律）が走る」という。

　そんなときに、「心の中にある自分のどの引き出しにもなかった別のメロディーが生まれて来る」と私に語ってくれていた。「東京の人」は、吉田正の背中に、戦慄ならぬ旋律を走らせる新鮮な言葉で満ちていた。

　日活が、月丘夢路、芦川いづみ、葉山良二らの出演で『東京の人』を映画化しているが、映画を憶えている人はほとんどないだろう。

東京午前三時（昭和三十二年）

佐伯孝夫　作詞
吉田　正　作曲
フランク永井　唄

真っ紅なドレスが
よく似合う
あの娘想うて
むせぶのか
ナイト・クラブの
青い灯に
甘くやさしい
サキソフォン
ああ　東京の
夜の名残りの
午前三時よ

可愛い顔して　街角の
白い夜霧に
濡れながら
待っていそうな
気もするが
あの娘気ままな
流れ星
ああ　東京の
恋の名残りの
午前三時よ

おもかげまぶたに　裏路へ
出れば冷たい
アスファルト
似た娘乗せゆく
キャデラック
テイル・ランプが
ただ赤い
ああ　東京の
夜の名残りの
午前三時よ

日本の人口の一割は、首都の東京に住んでいる。〝東京〟を冠すれば、人目を惹く熟語は簡単に出来上がるわけだ。

現にこの著作も東京だけをテーマに歌った集成である。しかし、東京だから歌はサマになるのであって、「長野午前三時」「千葉キッド」「静岡ブギウギ」などのタイトルになっていたら、パロディーだろう。

さて、東京と午前三時を結び合わせた「東京午前三時」は、佐伯孝夫・吉田正・フランク永井トリオが、都会派歌謡を完成させた記念すべき曲「有楽町で逢いましょう」の大ヒット寸前の歌だった。

東京の盛り場は〝不夜城〟と形容されているように、深夜喫茶、ナイトクラブは夜を徹して営業をし、街はネオンサインに彩られていた。

佐伯と吉田は、大都会のここに目をつけ、東京の深夜の風物を一篇の歌にまとめようとしたのである。

新聞記者から作詞家に転じた佐伯は、徹底的に現場に挑み、印税を惜しげなく投資し、取材を重ねて作品を生み出していた。

吉田も、佐伯が午前三時の銀座界隈を詞のモチーフにすると聞くと、午前二時、三時の銀座を徘徊し、夜半に鳴る服部時計店の鐘の音も入れてみようかと構想を練った。

そして作詞家が、「東京午前三時」の現場を探索してみて、まっさきに頭に浮かんだのだが、各節の最後を締める、

ああ　東京の
夜の名残の午前三時よ

だったという。

この終りのフレーズが固まってから、逆に前の歌詞をたぐり寄せた。

吉田正は、作曲界の並みいる先達、中山晋平、古賀政男、服部良一、古

関裕而といった個性的メロディー完成者の誰にもない旋律をさぐった。

力作『誰よりも君を愛す　吉田正』の著者金子勇は、吉田正が「東京午前三時」で紡いだメロディーについて、

「ト短調で六音と七音を半音上げる旋律的短音階（F#、G#）が用いられているところが、吉田の最大の個性である。そして四七抜き短音階ではなく、和声的短音階と旋律的短音階の両者を多用したメロディーとブルースのリズムこそが、中山と古賀、服部それに古関の伝統を破り、高度成長に離陸する日本社会の都市化開始時点を音楽で表現するため、吉田が工夫したイノベーションなのである」

と、きわめて専門的な分析をこころみている。

吉田正が「東京午前三時」で紡ぎ出したメロディーはジャズ歌手から、吉田の指導によって歌謡曲に転じたフランク永井の、バタ臭い唱法に見事に叶っていたのである。

東京だヨおっ母さん

（昭和三十二年）

野村俊夫　作詞
船村　徹　作曲
島倉千代子　唄

久しぶりに
手をひいて
親子で歩ける
うれしさに
小さい頃が
浮かんで来ますよ
おっ母さん
ここが　ここが二重橋
記念の写真を
とりましょうね

やさしかった
兄さんが
田舎の話を
聞きたいと
桜の下で
さぞかし待つだろ
おっ母さん
あれが　あれが九段坂
逢ったら泣くでしょ
兄さんも

さあさ着いた
着きました
達者で長生き
するように
お参りしましょ
観音様です
おっ母さん
ここが　ここが浅草よ
お祭りみたいに
にぎやかね

「東京だョおっ母さん」のタイトルだけで、お上《のぼ》りさんの母親を案内して、宮城、靖国神社、浅草の観音さまを詣でて歩く情景が浮かんでくる。

昭和三十二年の春に〝泣き節〟島倉千代子の歌で、ヒットしたほのぼの演歌であった。

野村俊夫作詞、船村徹が作曲していたが、この歌には、面白いエピソードがあった。

作曲した船村徹が、そのあたりを自伝『酒・タバコ・女・そして歌』の中で、次の通りに書いている。


ひとつの作品が出来上がるまでのいきさつ、背景には、それぞれにさまざまな展開があり、ひとつひとつの作品に私なりの思いが残っている。

美空ひばりさんにつくった「波止場だよお父つあん」は、私がコロムビアの専属作曲家として、ひばりさんに書いた二作目だ。一作目の「港は別れてゆくところ」（西沢爽作詞）は、「君はマドロス海つばめ」（石本美由紀作詞、上原げんと作曲）とのカップリングで、昭和三十一年九月に発売された。

その、わずか二ヵ月後に「波止場だよお父つあん」が出ている。

これがヒットすると、翌年には、島倉千代子さんに似たような企画を……といわれ、〝お父つあん〟を〝おっ母さん〟に変え、野村俊夫作詞で「東京だョおっ母さん」をだした。これが大ヒット。

レコード会社の台所をのぞくようで、ヒットした歌も内情を知ればまことに他愛ない次第。

お父つあんで当ったから、おっ母さんとなり、さらに三番目として企画されたのが「逢いに来ましたお父さん」だった……。そして、「東京だョおっ母さん」の二番目のフレーズに「あれが　あれが　九段坂……」と場面がかわり、戦死していまは靖国神社に眠る兄をしのぶ。

そして二人は手をあわせる設定となっていた。

歌の舞台裏を知ってしまえば、感動も半減してしまいそうだが、作られた経緯はこんな他愛ないものでも、せつせつとした〝泣き節〟にかかると、「久しぶりに手をひいて　親子で歩けるうれしさに　小さな頃が　浮かんで来ますよ　おっ母さん」の詞藻が、聞く者の胸に迫って来るのだった。

「東京だョおっ母さん」が発売された昭和三十二年頃は、中学卒の集団就職の子どもたちが、北海道や東北、九州地方から陸続と大都会にやってきていた。
十三、四歳の集団就職児に、望郷の念は高く、ふるさとの言葉は懐かしく、彼ら彼女らは等しく「おっ父」「おっ母」の呼び方に涙を流したことだろう。
「東京だョおっ母さん」が大ヒットした根底には、彼らの望郷の思いがあったとみて間違いはない。

東京のバスガール

（昭和三十二年）

丘灯至夫　作詞
上原げんと　作曲
コロンビア・ローズ　唄

若い希望も　恋もある
ビルの街から
山の手へ
紺の制服
身につけて
私は東京の
バスガール
「発車　オーライ」
明るく明るく
走るのよ

昨日心に　とめた方
今日はきれいな
人つれて
夢ははかなく
破れても
くじけちゃいけない
バスガール
「発車　オーライ」
明るく明るく
走るのよ

酔ったお客の　意地悪さ
いやな言葉で
どなられて
ホロリ落した
ひとしずく
それでも東京の
バスガール
「発車　オーライ」
明るく明るく
走るのよ

歌は世につれていることは必然だが、世が歌につれることは、まずありえないだろう。コロムビア・ローズが、紺の制服を身につけて、「発車　オーライ」と歌った「東京のバスガール」は、「世を歌につれ」させためずらしいヒット曲であった。

丘灯至夫作詞、上原げんと作曲で、初代コロムビア・ローズが歌っていた。彼女はデビュー以来、清純ムードをただよわせながら、哀愁のあるムード歌謡で地歩を固めた上で「渡り鳥いつ帰る」「どうせ拾った恋だもの」と、二年つづきで大人っぽい歌に挑み、清純歌手からようやく脱皮していた。

そのコロムビア・ローズに、紺の制服を身につけた、バスガールの歌を歌わせるとなると、せっかく〝大人の歌手〟になれたのに、もとへ戻ってしまうのでは……の懸念が制作スタッフの中にはあった。

作詞した丘灯至夫はそのあたりを、『日本のうた』（流行歌編）で、次の通りに書いている。

この歌、はじめは吹込んでみたものの、唱歌風、学芸部むきという理由で、レコード会社内部に難色を示すものがあり、結局、宝田明の歌った「街に灯がつけば」のB面、つまり裏面盤で世に出たもの。

やがてこの歌がヒットし、いつの間にかA面に移り変わってしまった。経験豊かなはずのレコード会社関係者も、なにがヒットするか予測できないという一例である。

作詞者の韜晦《とうかい》もあって、「なにがヒットするか予測できない一例」と書いているが、一例どころか、ビッグ・ヒットした曲の多くは、レコード関係者が「売れない」と自己規制をしていて、裏面盤扱い、発売枚数は僅少、宣伝費も満足にかけない類のレコードだった。

「東京のバスガール」が、B面扱いにもかかわらず売れたのは、レコード会社が家庭電化時代の台頭期に合わせ、テレビ、電気洗濯機、電気冷蔵庫の「三種の神器」のテレビにに着目したからだった。

テレビ出演にはローズ嬢に、東京のバスガールの制服を着せて「発車オーライ」のかけ声に合わせて、その仕種を演じさせるなど「聴かせる」から「見せる」歌への軌道修正を行ったのである。

この販売作戦は当って、拍車がかかり、中卒の女子がバスガールに憧れる傾向が見られた。

また、東京の観光バスのウグイス嬢が、歌詞をちゃっかり「バスガイド」に変えて、レパートリーに加え歌いはじめたことから、「ガイドとバスガールとは違う」の抗議があった。

女性の働く姿を歌って、成功した例はきわめて少ないというが、三番の「酔ったお客の……」云々にヒントをつかみ、作曲家が明るいなかにペーソスをたたえた曲想に仕上げたのも、成功した要因だろう。

銀座九丁目水の上（昭和三十三年）

藤浦　洸　作詞
上原げんと　作曲
神戸一郎　唄

夢の光よ
シャンデリア
粋なカクテル
マンハッタン
欧州通いの
夢のせて
銀座九丁目は
水の上
今宵は船で
すごしましょう

浮世ともづな
さようなら
こゝは青空
海の上
恋の潮風
しっぽりと
銀座九丁目は
水の上
今宵は船で
すごしましょう

遊びづかれの
ふたりづれ
月のデッキで
唄おうか
それともキャビンで
ハイボール
銀座九丁目は
水の上
今宵は船で
すごしましょう

東京のメインストリート銀座は、一丁目から八丁目までである。「銀座八丁」と言われる所以《ゆえん》だが、これを水の上に九丁目を作ったのが、往年の銀座ボーイ藤浦洸だった。

三番の歌詞で、終わり二行のフレーズは「銀座九丁目は　水の上　今宵は船で　すごしましょう」のリフレーンになっていた。

この架空の九丁目に、上原げんとが曲を付け、彼の門下生で、昭和三十二年のコロムビア全国歌謡コンクールに優勝して、同年十二月「十代の恋よさようなら」でデビューした神戸一郎に歌わせた。

神戸一郎は、神戸生まれの当時二十歳のイケメン歌手だった。本名は前原正捷というお堅い名前で、高校を出て上原げんとに師事していた。

日活は、この「十代の恋よさようなら」のヒットを受けて小林桂三郎監督で、同名の映画を製作した。その余勢を駆ってイケメン歌手に「銀座九丁目水の上」を歌わせたのである。三十三年四月だった。

この年は、銀座を冠した歌の当たり年で、ビクターから「西銀座駅前」、キングの「銀座の蝶」と、銀座ものがトリプルヒットになっていた。

ところで、銀座九丁目で水の上に浮かぶ船となると、新橋と銀座の間に流れる汐留川に浮かぶ遊覧船ということになる。

その小船が、歌の上であるとはいえ、「欧州通いの　夢のせて」だの、「ここは青空　海の上」、あるいは、「キャビンで　ハイボール」の詞はそぐわないことになる。

事情通は、それは銀座から東京湾を回って帰ってくる大型の遊覧船であると主張し、当時、汐留川埋め立て計画があって、川がなくなれば、遊覧船は東京湾を遡《さかのぼ》って来れなくなる。せめて、汐留川が埋め立てられないうちに、歌にしておこうと、空想をふくらませて作詞した……との説だった。

作詞した藤浦洸には、銀座は青春時代を過ごした街であった。作詞家として食えない時代は日がな一日、銀座をぶらついていた。

それだけに、銀座への愛惜感は強かったのだろう。

この銀座九丁目が汐留川に浮かぶ遊覧船説に対し、歌った神戸一郎は、作詞家から直《じか》に聞いたと前置きして、「東京湾に繋留されていた興安丸のことだ」と語っている。

興安丸は、戦後シベリアに抑留されていた日本人の引き揚げ船として活躍した大型客船だった。

その興安丸がお役御免となって、東京湾に繋留され、船内に食堂やビアガーデンができて、水の上に浮かぶ憩いの場になっていた。

作詞した藤浦説に従うと、「欧州通いの　夢のせて」の詞藻も「月のデッキで　唄おうか　それともキャビンで　ハイボール」も、すんなりと理解できる。

架空の九丁目だけに、いくつかの伝説が残った歌だった。

銀座の蝶（昭和三十三年）

横井弘　作詞
桜田誠一　作曲
大津美子　唄

ほこりまみれの　巷の夕陽
ビルにかくれりゃ　灯が点る
昨日みた夢に　すがって泣いちゃ
生きては行けない　銀座だよ
弱音吐いちゃ駄目さ　にっこりと
夜の蝶々は　あゝ　飛ぶんだよ
いつか誰かに　死ぬほど惚れた
それも今では　語り草
いくら追ったとて　幸せなんぞ
やっぱり私にゃ　遠い虹
なまじ呼ぶじゃないよ　馬鹿なこと
せめてお酒が　あゝ　恋人さ
つくりものでも　花咲く銀座
ここが小さな　故郷《ふるさと》さ
たとえ柔肌に　冷たい雨が
沁みよと叩こと　運命《さだめ》だよ
今日は明日を忘れ　口笛で
夜の蝶々は　あゝ　飛ぶんだよ

いま、バーやキャバレーなどの接客係の女性をホステスと言うが、この呼び方には時代によって変化があった。

昭和初期には、蔑《さげす》んだニュアンスのある女給と呼ばれていた。「夜の蝶」とグレードアップされたのは、高度経済成長期に入った三十年代からである。第一回直木賞受賞者の川口松太郎が、『中央公論』に銀座の夜に働くホステスたちの内情を描いた小説『夜の蝶』を、吉村公三郎監督、京マチ子、山本富士子主演で映画化したのである。

映画はヒットし、話題となって彼女たちは〝夜の蛾〟ならぬ「夜の蝶」と呼ばれるようになった。そして、銀座で働く女性たちは「銀座の蝶」になり、中間がカットされて「銀蝶」で通用するようになる。

映画の主題歌、横井弘作詞、桜田誠一作曲の「銀座の蝶」が、大津美子の歌で発売されたのは、昭和三十三年であった。

美子は、三年前「東京アンナ」の初ヒットで世に知られた大型新人だった。クラシックの発声法を学んで歌謡界にデビューしただけに、のびのびとおおらかに歌っていて、翌三十一年には、結婚披露宴の定番となる「ここに幸あり」をヒットさせて、人気を固めた。

彼女の歌唱力を認め、次に持ち込まれたのが、「銀座の蝶」であった。曲が先に作られていて、あとから詞をはめ込んだもので、〝メロ先〟にありがちの字足が七五調や五七調ではない、歌いこなしの難しい歌だった。

美子は大きな店のステージで歌うイメージの「東京アンナ」に対し、小さなバーで働く女性が主人公の「銀座の蝶」の楽譜を手にした時、演歌調の小節があちこちに入っているこのような歌は、とても無理だと、断わりの言葉を口にした。

だが、キングのディレクターは、地方出の女性が、華やかな虚飾の世界に健気《けなげ》に生きる姿を描いていることから、大津美子が適任と決めていて、「私にはとても歌えない」と固辞する美子に、

「何年でも待つから、集中してマスターしてみなさい」

と、大きな宿題を与えたのだった。

ディレクターのその一言に、美子は自らの前に立ち塞がる難関を乗り越えないことには明日が拓けないと、日本舞踊で間の取り方を習ったり、ユリ、泣き節といわれる演歌のテイスト、深味というものを体得しようと努力を重ねた。

この演歌調への開眼は、思いがけない機会にやって来た。韓国歌手のショーがあり、キングの代表として花束を贈った時、舞台で歌う本場歌手の「アリラン」を聴き、心の底から絞り出すような泣き節の真髄に触れたのだった。美子はその時、「あっ、要はハートの問題なんだわ」と、得心したのだった。

「声ではなく、心にある」と悟った歌手の「銀座の蝶」は、楽譜を手渡されてから四ヶ月後に吹き込まれ、歌の領域を新しく拓くことになった。

有楽町で逢いましょう（昭和三十二年）

佐伯孝夫　作詞
吉田　正　作曲
フランク永井　唄

あなたを待てば雨が降る
濡れて来ぬかと気にかかる
ああ　ビルのほとりの
ティー・ルーム
雨も愛《いと》しや
唄ってる
甘いブルース
あなたと私の合言葉
「有楽町で逢いましょう」

心に沁みる雨の唄
駅のホームも濡れたろう
ああ　小窓にけむる
デパートよ
今日の映画《シネマ》は
ロードショウ
かわす囁き
あなたと私の合言葉
「有楽町で逢いましょう」

悲しい宵は悲しいよに
燃えるやさしい街灯《あか》り
ああ　命をかけた
恋の花
咲いておくれよ
いつまでも
いついつ迄も
あなたと私の合言葉
「有楽町で逢いましょう」

関西に地盤を持つそごう百貨店が、神武景気、岩戸景気に乗って、有楽町駅前の一等地に東京進出を果たしたのは、昭和三十二年五月であった。デパートの老舗、東京日本橋の三越デパートの年末売り上げが、一日二億円を突破した翌年で、スーパーマーケットの隆盛を招くダイエーも、関西で呱々《ここ》の声をあげていた。

そごうは東京進出に当たって派手に前宣伝を行い、キャッチフレーズに口当たりのいい「有楽町で逢いましょう」のうたい文句を作り、洪水のように流しつづけた。

流行に対し鋭いセンサーを持っていた作詞家の佐伯孝夫は、「有楽町で逢いましょう」を耳にした一瞬、「これはいけるぞ」のひらめきを受け、早速ビクターに、このキャッチフレーズをあしらった新曲の提案をしたのだった。

作曲は「異国の丘」でデビューして以来、鶴田浩二の「街のサンドイッチマン」「赤と黒のブルース」、三浦洸一の「東京の人」、山田真二の「哀愁の街に霧が降る」、さらに鶴田浩二の「好きだった」と連続ヒットを打っている都会派演歌の吉田正だった。

そして歌手には、前年、佐伯・吉田コンビの「東京の人」で当て、喜志邦三作詞、渡久地政信の「踊子」を端正な美声で歌って絶好調の三浦洸一を予定していた。

ところが、三浦洸一ではあまりに生真面目すぎる。フランク永井の方が都会向きでモダンな感じが出るだろうと、フランクに白羽の矢が立った。彼は吉田正に認められ、ジャズ歌手から、流行歌への転身を図っている時であった。

吉田正の特訓を受けたフランクは、師の恩情に応えるべく、低くひびく歌唱力を発揮して、「有楽町で逢いましょう」を見事に歌い上げた。

この後ビクターが、映画会社、デパートともタイアップし、さらに芸能誌も映画化の新人募集に相乗りして「有楽町キャンペーン」を行ったことから、その相乗効果でデパートは連日超満員、歌も破竹の勢いで売れに売れた。

身を持することにきびしかった吉田正は、「この曲のヒットで、作曲家としてようやくメシを食っていける自信を持ちました。それまで、のど自慢の審査で各地へ行っても、宿帳の職業欄に〝作曲〟まで書けたが〝家〟は入れられなかった。一人前になっていないという自覚からです。『有楽町……』が出てから、やっと小さくも〝家〟をいれられるようになりました」と、しみじみと私に語ってくれた。

吉田正のこの曲は、日本流行歌の根底にある暗いマイナーな情念を払拭《ふっしょく》する、都会的な明るさを表現していた。

佐伯・吉田・フランクのトリオで、「西銀座駅前」「東京ナイトクラブ」と、盛り場の夜を歌った〝都会派流行歌〟が輩出するのは、このあとからだった。

西銀座駅前

（昭和三十三年）

佐伯孝夫　作詞
吉田　正　作曲
フランク永井　唄

ＡＢＣ・ＸＹＺ
これは俺らの　口癖さ
今夜も刺激が
欲しくって
メトロを降りて
階段昇りゃ
霧にうず巻く
まぶしいネオン
いかすじゃないか
西銀座駅前

ＡＢＣ・ＸＹＺ
そこのクラブは
顔なじみ
酒には弱いが　女には
強いといった
野郎もいたが
何処へ消えたか
泣き虫だった
いかすじゃないか
西銀座駅前

ＡＢＣ・ＸＹＺ
若い二人は
ジャズ喫茶
ひとりの俺の　行く先は
信号燈が
知っている筈さ
恋は苦手の
淋しがりやだ
いかすじゃないか
西銀座駅前

都会派歌謡の流れを拓いた吉田正は、作詞家の佐伯孝夫、宮川哲夫、川内康範らと組んで地名の入った歌を次々にヒットさせている。「東京午前三時」「夜霧の第二国道」「羽田発7時50分」「有楽町で逢いましょう」「西銀座駅前」「東京ナイト・クラブ」などである。

歌ったのは、吉田の薫陶《くんとう》を受けて育った鶴田浩二、フランク永井、松尾和子たちだった。

とくにジャズ歌手から歌謡曲に転じ〝低音の魅力〟で売ったフランク永井は、有楽町、銀座界隈を歌ってヒットに結びつけた曲が多かった。

ABC・XYZ
これは俺らの　口癖さ
今夜も刺激が　欲しくって
メトロを降りて　階段昇りゃ

と、アルファベット26文字の冒頭と末尾の三文字を低音でつぶやいて歌い出す、「西銀座駅前」は、意表を突いた歌詞の面白さもあって話題になった。

西銀座駅は、昭和二十九年（一九五四）十二月に、地下鉄丸の内線が池袋から銀座まで開通したとき、渋谷から浅草までの地下鉄銀座線の駅と区別するために、付けられた駅名だった。

その後、三十九年八月、日比谷線が開通して、三線が地下道でつながり、銀座駅に統一されたため、この駅名は消えてしまった。

しかし、丸の内線が開通した当初、数年で消える駅名とは想定せず、佐伯孝夫は新しい駅名をタイトルに作詞、名コンビの吉田正が作曲。フランク永井が心憎いばかりの低音を響かせて歌い大ヒットさせたのだった。

日活は早速、松竹から転じたばかりの今村昌平監督に、同名タイトルの歌謡コメディを映画化させた。

フランク永井は特別出演して、地下鉄の数寄屋橋際の出口の前で「西銀座駅前」を歌った。

映画のストーリーは、西銀座駅前のショッピングセンターにある、さざなみ薬局の店主・重太郎（柳沢真一）の恐妻家ぶりを描いていた。

南方戦線に従軍した重太郎は、チャリ島に漂着し現地人の娘ケリーと深い恋に落ちてしまった秘めたる過去があった。

ところが、そのケリーにさざなみ薬局前の万年筆屋の店員ユリ（堀恭子）がそっくりだったことから、重太郎は撹乱状態になる。

重太郎の親友で獣医の浅田(西村晃)は、幻想と現実の混乱に戸惑う彼に、「浮気するのが唯一の特効薬だよ」と、そそのかす……。

映画の『西銀座駅前』は、歌のロマンチックさに相違したこんなお粗末なコメディーだった。

浅草姉妹（昭和三十四年）

石本美由起　作詞
遠藤　実　作曲
こまどり姉妹　唄

なにも言うまい
言問橋《ことといばし》の
水に流した
あの頃は
鐘が鳴ります
浅草月夜
化粧なおして
エー化粧なおして
流し唄

親にはぐれた
浅草姉妹
胸にゃ涙の
露しぐれ
泣いているのに
笑顔で唄う
辛い苦労を
エー辛い苦労を
誰が知る

眼では見えない
こころの中にゃ
母に逢う日の
夢がある
二人そろって
観音さまに
祈る願いは
エー祈る願いは
ただ一つ

「浅草姉妹」でデビューしたこまどり姉妹は、この歌詞を地で行く苦難の生い立ちをしている。

本名は長内《おさない》栄子と敏子で、双子《ふたご》だった。昭和十三年に、北海道は釧路の貧しい旅芸人の家に生まれた。

姉妹は、義務教育とされた小学校さえ満足に通えず、忘れられた頃に登校すると、「ふたご」「乞食」と差別されるむごいいじめにあった。

戦争末期に、樺太に渡ったり、敗戦でまた北海道に舞い戻り、木賃宿を転々とする暮しの中で、両親の流し歩く街頭芸を、見様見まねで身につけていった。

場末の飲み屋街を流すうちに、瓜二つの双子である物めずらしさも手伝って、そこそこ人気の萌《きざ》しが出はじめた。

姉妹を歌手にすべく、一家を挙げて上京したのは昭和二十年代の後半であった。栄子・敏子は、浅草・山谷を父親とともに流し歩くようになったが、十代の姉妹が声を揃えてひたむきに歌う姿は、一幅の絵になっていた。この噂を耳にしたのが、島倉千代子の「からたち日記」のヒットで、コロムビアに迎えられた遠藤実だった。

遠藤自身も、十年近い流し生活をしていて、その流し体験に照らして、浅草・山谷といった下町で流しをしている姉妹に思いを寄せるものがあり、レッスンを付けることになった。

そして、デビュー曲に叶う曲想を模索した。北海道から上京、浅草・山谷あたりで流しをしていた往時から推して、下町の象徴的盛り場・浅草を舞台にした歌はどうだろうの考えを固めた。

遠藤実は、ここまで考えを進めると、歌い手のキャラクター、声質、ふるまいなどを見ていて、双子の姉妹が浅草を流し歩く姿を、旋律に込めてみたのである。

遠藤メロディーの基調には、哀調を含んだ「ラ」音があった。マイナーなメロディーに欠かせない音色で、双生児のデビュー曲には、当然、ラ音色が充分塗り込められていた。

曲ができあがると、石本美由紀に作詞が託された。喘息《ぜんそく》持ちで満足に学校へも行けず、投稿から作詞家になった石本は、姉妹の境遇を聞くと、浅草の地名、観音さま、浅草寺の鐘の音までを織り込んだ「浅草姉妹」のピッタリの詞をまとめたのである。

姉妹の境遇を、リアルに歌った見事な詞だった。

昭和三十四年（一九五九）十月に、「浅草姉妹」は発売された。遠藤がコロムビアへ入社後、手がけた第一号だったが、熱い思い入れが通じてか歌は大ヒットした。

だが、長内栄子・敏子には、まだ芸名が付けられていなかった。それで一般から芸名の公募をし、〈谷川のほとりにすみ、鳴き声が美しい駒鳥に因んだ「こまどり姉妹」が、彼女たちの希望に叶い付けられたのである。

僕は泣いちっち

（昭和三十四年）

浜口庫之助 作詞
浜口庫之助 作曲
守屋 浩 唄

僕の恋人　東京へ
行っちっち
僕の気持を　知りながら
なんで　なんで　なんで
どうして　どうして　どうして
東京がそんなに
いいんだろう
僕は泣いちっち
横向いて泣いちっち
淋しい夜は　いやだよ
僕も行こう
あの娘の住んでる　東京へ

祭の太鼓が　テンテケテンと
鳴っちっち
みんな浮き浮き　踊るのに
なんで　なんで　なんで
どうして　どうして　どうして
僕だけションボリ
みそっかす
涙がホロリ
ひとりで出っちっち
お祭なんか　いやだよ
僕は思う
遠い東京の　ことばかり

上りの急行が
シュッシュラシュッと
行っちっち
いやな噂を　ふりまいて
せめて　せめて　せめて
遠い　遠い　東京の
空に飛んでけちぎれ雲
汽笛がなっちっち
遠くでなっちっち
夜汽車の笛は　いやだよ
早く行こう
あの娘の住んでる　東京へ

いちど聴いたら、すぐ口の端《は》に乗るリズミカルな歌である。日本に西洋音階が入って来て一世紀になるが、このようなオリジナリティーに富んだ詞と曲、リズムの歌をつくったのは浜口庫之助が初めてであろう。

作者自身にも「僕は泣いちっち」への思い入れは深く、自伝『ハマクラの音楽いろいろ』の「僕の勲章」の章に、ほほえましいエピソードを綴っていた。

それは、平成二年（一九九〇）に文化庁から勲四等叙勲の打診を受けて、夫人のまい子をはじめ友人知人たちが受けるようにすすめた時、

「芸術家は肩書をもったときに死ぬ」

と言って断っていたことだった。

大衆のために歌を作り続け、名もない大衆に自らが作った〝ハマクラ節〟を歌ってもらうことが一番の勲章だとの信念を持っていたからだった。

その大衆からの勲章を初めて意識したのは「僕は泣いちっち」がヒット

した直後だった。

昭和三十五年ごろだったと思う。僕は東中野に住んでいた。駅のそばに小さなゴルフの練習場があって、毎日練習に通っていた。（中略）一息ついた僕の耳に、遠くからチンドン屋の音が、かすかに入ってきた。何気なく聞いていると、どこかで聞いたような節である。そうだ！　あれは「僕は泣いちっち」だ。作曲家になって、はじめて作ったヒット曲だ。（中略）音が大きくなった。僕の身体が震えだす。涙がじーんとこぼれてくる。

浜口庫之助が、自分の作った歌が流行《はや》ることのよろこびを、身にしみて感じたはじめての体験だった。彼はこのよろこびの中で、どんな賞をもらうよりも、どんな大きな舞台で演奏されるよりも、小さな街の商店街でチンドン屋が流してくれる方がどんなに嬉しいか。

「それが流行歌の本当の存在感ではないだろうか」と書き、つづけて次のように断言している。

僕の歌が、大衆の血となり、汗となり、涙となって、一緒に生きているという実感を得たとき、僕は思わず涙をこぼしてしまったが、それ以来歌を作る仕事に一生をかけるのに、一点の疑いも抱いたことはない。

「僕は泣いちっち」は守屋浩のレコードで一躍知れわたった。

しかし、守屋でレコード化されるまでに、勝新太郎、青木光一をはじめ、数名の歌手によって吹き込まれ、いずれもディレクターの意にかなわずオクラ入りになっていたという。勝新の「僕は泣いちっち」がどんな唱法かぜひ聴いてみたいものである。

東京ナイトクラブ

（昭和三十四年）

佐伯孝夫　作詞
吉田　正　作曲
フランク永井・松尾和子　唄

なぜ泣くの　睫毛《まつげ》がぬれてる
好きになったの　もっと抱いて
泣かずに踊ろよ　もう夜《よ》もおそい
わたしが好きだと
好きだといって
フロアは青く　仄《ほの》暗い
とても素敵な
東京ナイト・クラブ

もうわたし　欲しくはないのね
とても可愛い　逢いたかった
男は気まぐれ　その時だけね
うるさい男と
言われたくない
どなたの好み　このタイは
やくのはおよしよ
東京ナイト・クラブ

泣くのに弱いぜ　そろそろ帰ろう
そんなのいやよ　ラストまで
踊っていたいの
東京ナイト・クラブ

日本の流行歌には、夜のムードをテーマにした曲が圧倒的に多い。ネオン、ホステス、クラブ、酒などを背景に、恋をからませた同工異曲の流れだ。ナイト・クラブで、ジャズやポップスを歌っていたフランク永井と、松尾和子のしっとりとしたカケ合い形式の甘いラブソング「東京ナイトクラブ」が、世に出たのは、昭和三十四年だった。

会員制のバーを意味するクラブを歌った「東京ナイトクラブ」がヒットしたのには、洋酒のトリスバーや、ニッカバーが街に進出して、日本酒を制圧しはじめた背景があった。

サントリー広報部によると、

「トリスバーが初めて登場したのは昭和三十年頃。同年後半から増えはじめ、三十三年には直営店だけで全国に千百八十三店、最盛期の三十八年には二千五百店を超えた」

と語るほどのいんしんぶりであった。

それらのバーには、軒並み手頃なレコード・プレーヤーが置かれていて、客の好みに応じたアメリカ産の曲が流れていた。

東京のメイン・ストリート銀座の、洋酒が飲めるバーやナイト・クラブでは、当然流れる曲もそうだった。

この現実に発奮し、「ひとつ、洋酒の酔いに合う日本の曲を作ってみるか！」の思いに至ったのが、ビクターの佐伯孝夫と吉田正コンビだった。

居酒屋、屋台、日本酒などという言葉のイメージとは異なり、バーやナイト・クラブに流れる曲には、いくつかの条件があった。

まずモダンであること。大人のムードがあること。会話を楽しみ、飲んでいる客に邪魔にならないことなどだった。

この条件をかなえるためには、まず斬新な詞が必要であり、さらにその詞を新しいリズムと、しっとりしたムードに乗せる旋律。そして背徳《はいとく》めいた影のない洗練された歌い手に歌わせることであった。

吉田正には、ジャズから都会派歌謡に河岸《かし》を変えさせ、きびしい特訓を与えているフランク永井がいた。

その彼が、赤坂のナイトクラブ「リキ」で、アメリカのペギー・リーばりのハスキーな歌声をきかせている松尾和子を見つけてきたのだ。フランクの案内で聴きに行ってみると、彼女はペギー・リーのイミテーションだったが、聴く者を歌の世界にひっぱっていく不思議な魅力を持っていた。

吉田は、直ちに新路線の歌手に起用することに決め、きびしいレッスンを課すことにした。

しかし一人ではまだまだ心もとないので、マヒナスターズのコーラスをバックにA面の「グッドナイト」、B面にフランクとのデュエットで「東京ナイトクラブ」を歌わせることにした。

男女の会話の形をとったB面は、フランクの低音が、和子のハスキーなセクシー・ボイスに増幅されてヒットの階段を足早に駆け上っていった。

銀座の恋の物語

（昭和三十六年）

大高ひさを　作詞
鏑木　創　作曲
石原裕次郎・牧村旬子　唄

心の底まで　しびれるような
吐息が切ない　囁きだから
泪が思わず　湧いてきて
泣きたくなるのさ　この俺も
東京で一つ　銀座で一つ
若い二人が　始めて逢った
真実《ほんと》の　恋の　物語

誰にも内緒で　しまっておいた
大事な女の　真ごころだけど
貴男《あなた》のためなら　何もかも
くれると言う娘の　いじらしさ
東京で一つ　銀座で一つ
若い二人の　命を賭けた
真実の　恋の　物語

やさしく抱かれて　瞼をとじて
サックスの嘆きを　聴こうじゃないか
灯《あか》りが消えても　このままで
嵐が来たって　離さない
東京で一つ　銀座で一つ
若い二人が　誓った夜の
真実の　恋の　物語

カラオケの男女で歌えるデュエットの人気第一位は、久しく石原裕次郎と牧村旬子の「銀座の恋の物語」であった。

世に出たのは、戦後の荒々しいまでの原色的な流行歌が鳴りをひそめ、「もはや戦後ではない」と言われた昭和三十年代の後半である。

昭和三十一年、芥川賞を受賞した『太陽の季節』の石原慎太郎の弟、裕次郎主演の日活映画『街から街へつむじ風』の挿入歌で、女、男が交互に二回歌って、サビの部分から終わりまでをデュエットで歌う形式となっていた。

大高ひさをの詞に、鏑木創が作曲することになったが、それは鏑木が映画の音楽監督だったからだ。

東京音楽学校（現東京芸大）でクラシックを学んだ鏑木は、流行歌の世界を全く知らなかった。人気随一の裕ちゃんと牧村旬子がデュエットすると聞き、甘い言葉で書かれた歌詞を手にしても、どういった曲想で、それらの言葉に曲付けしていいのか皆目わからなかった。

テイチクの中島賢二ディレクターは、苦肉の策にフランク永井と松尾和子とのデュエット、「東京ナイトクラブ」を聴かせた上で、

「こんな調子に書いていただければ……」

の注文したのである。

つまり、「銀恋」は「東ナイ」を下敷きにして生れたことになる。

そして「銀恋」は、石原裕次郎と北原三枝の結婚式の前日、昭和三十五年十二月一日に吹き込まれていた。この日を克明《こくめい》に、作詞者が覚えていたのは、裕次郎のプロデュサー水の江瀧子から、結婚式の前に吹き込ませたいから、五日間で書いてくれと、十一月二十五日に注文されていたからだった。

大高は、作曲の鏑木と打ち合わせながら、何とか間に合わせなければと、吹き込みは十二月一日、日活撮影所で、わずか十分程の練習の後に行った。

大スター裕次郎のデュエット相手に選ばれたのは、当時十七歳の牧村旬子だった。七歳から、米軍キャンプなどでジャズをうたっていたものおじせぬ歌手で、その言動を知るレコード会社の重役は、吹き込み前に「裕ちゃんは大スターなんだから、失礼なことを言わないように」とクギをさしていた。

歌は、デュエットには珍しく、女性が先に歌うことになっていた。後年、カラオケで人気ピカ一になる秘密はこのあたりにあった。

それと歌い出しの「心の底まで」が、アイウエオのオの韻の「コォコォロォノォソォコォ」と六つ続くひびきの妙味にあった。

レコード会社側は、大スターの前に駆け出しの女性が歌うなど、僭越《せんえつ》にすぎると当初は難色を示したが「詞の内容からみて、女性が先でなくては困る」と、作詞家が頑張り通したため、女・男の順序になった。

大ヒットに繋がったのは怪我の功名というべきか――。

東京ドドンパ娘（昭和三十六年）

宮川哲夫　作詞
鈴木庸一　作曲
渡辺マリ　唄

好きになったら
はなれられない
それは
はじめてのひと
ふるえちゃうけど
やっぱり待っている
それは始めてのキッス
甘いキッス
夜をこがして
胸をこがして
はじけるリズム

ドドンパ　ドドンパ
ドドンパが
あたしの胸に
消すに消せない
火をつけた

好きになったら
忘れられない
それは　はじめてのひと
一度燃えたら
消すに消せない

まるでジャングルの火事
恋のほのお
好きよ好きなの
とてもしあわせ
燃えちゃいたいの
ドドンパ　ドドンパ
ドドンパが
あたしの胸に
消すに消せない
火をつけた

日本の歌謡曲は、スタートの時点から、ヨナ抜き短音階のメロディーが主流を占めている。その流れの傍流に、ジャズのイディオムを用いた服部良一のブルースや、タンゴ、シャンソン調の曲が流れることはあったが、ヨナ抜きの主流には、さしたる乱れはなかった。

十年一日のようなこの歌謡界が、ロカビリーブームの乱気流に巻き込まれたのは昭和三十年に入ってからだった。

昭和三十三年（一九五八）二月八日から十五日まで、日劇で催された「ウエスタン・カーニバル」がきっかけとなって、ロカビリーが猖獗《しょうけつ》をきわめるようになったのだ。ジャズ喫茶で発生したロカビリー台風の芽を大劇場に送り込み、ハリケーンに増大させたのは、〝マダム・ロカビリー〟こと、当時二十七歳の渡辺美佐であった。

彼女の演出によって、日劇で演じられたロカビリー大会は、一瞬、精神病院の〝のど自慢大会〟を思わせる狂乱ぶりに、変わらせたのだ。

当時、ＮＨＫの音楽プロデューサーだった丸山鐵雄は、『歌は世につれ』のなかで、その狂態ぶりを次のように描いている。

ガニマタ型、ひざまずき型、ひれふし型、くねくね型、飛び上り型、全身ケイレン型などあらゆるロカ調四十八手を用いたロカビリアンのネツ演と、暗ヤミの中で突如としてお化けに出会ったようなキャァーッという叫び、出演者目がけて降りそそぐテープの雨、かぶりつきから歌手の手や足をつかんでひきずりおろそうとしたり、ステージに飛び上って出演者に抱きついたりキスしたりのハイティーン・ロカ娘とは両者相俟《あいま》って独特のロカビリー風俗を生み、一時〝地上最低のショー〟〝地上最低の客〟なる悪名を奉られたのは周知の通り。

この狂乱のブームは、歌謡曲にも、リズム、メロディーの上で強い影響を与えずにはおかなかった。

「ドドンパ」なるリズムがそのひとつで、京都方面から流行し始めていた。二拍目に強いアクセントをおき、三拍目を三連音符にしたマンボ・リズムの変形で、足をガックンと折る踊り方が、異常な人気を呼び、強烈なリズムと相俟って、たちまちブームになった。

そして、このドドンパのリズムを歌にとり入れ、「東京ドドンパ娘」を歌い、ブームの焦点になったのが、六等身のグラマー歌手・渡辺マリだった。その体型と、「ドドンパ　ドドンパ」と絶叫するパンチの利いた歌い方から〝ダイナマイト娘〟といわれ、全国の各家庭の茶の間を占拠したテレビに登場して、ドドンパ旋風を巻き起こしたのである。

作詞は、昭和二十年後半から「街のサンドイッチマン」、「赤と黒のブルース」等の都会派歌謡で、めきめき活躍をはじめていた宮川哲夫、作曲は鈴木庸一だった。

下町の太陽（昭和三十七年）

横井　弘　作詞
江口浩司　作曲
倍賞千恵子　唄

下町の空に　かがやく太陽は
よろこびと　悲しみ写す
ガラス窓
心のいたむ　その朝は
足音しみる　橋の上
あゝ太陽に　呼びかける

下町の恋を　育てた太陽は
縁日に　二人で分けた
丸いあめ
口さえきけず　別れては
祭りの午後の　なつかしく
あゝ太陽に　涙ぐむ

下町の屋根を　温《ぬく》める太陽は
貧しくも　笑顔を消さぬ
母の顔
悩みを夢を　うちあけて
路地にも幸《さち》の　くるように
あゝ太陽と　今日もまた

歌謡界の生き字引き的存在・長田暁二の執念が生んだ傑作に「下町の太陽」がある。

キングの敏腕ディレクターだった長田が、山の手に対してマイナーなイメージの下町と、太陽を結びつけた一見アンビバレントな歌を企画した裏には、当時「歌えるスター」を血眼《ちまなこ》で探していた各社のスター獲得競争があった。

長田ディレクターがＳＫＤから松竹映画に転じた、庶民派人気スター倍賞千恵子をキングレコードに迎えるまでには、三ヵ月あまりの追っかけがあった。

この年、テイチクは、日活の大スター石原裕次郎を専属にして「銀座の恋の物語」をヒットさせていた。

コロムビアは、マイト・ガイ小林旭を起用して「北帰行」で当てる。

ビクターが、日活の清純派の吉永小百合に「寒い朝」を歌わせて、これもまたヒットさせていた。

ところが、キングは持駒なしで拱手傍観《きょうしゅぼうかん》の態だった。童謡担当から歌謡曲担当にかわったばかりの長田暁二ディレクターの初仕事は、各社に互して歌える新人を獲得することだった。その時、長田が狙いをつけたのが、SKDから松竹映画に移ったばかりの倍賞千恵子だった。

都電の運転手を父にもち、北区滝野川の長屋に住んでいて、およそスターらしくない庶民性を身辺にただよわせていた。

長田暁二は、この倍賞千恵子に白羽の矢を立てると、本人は当然として、父親をストーカーまがいになって追いかけまわした。三ヵ月あまり追いかけたあげく、池袋の飲み屋で倍賞父子と直接談判へと持ち込んだ。

長田はその時点で、倍賞に歌わせる歌のテーマは考えていた。彼女の生い立ちからして「下町」を冠した歌以外は考えられなかった。

横井弘に作詞を、江口夜詩の長男浩司に作曲を依頼したが、作詞から作曲まで、なんと一週間もかからぬ早さだった。だが「下町の太陽」は、土壇場の発売会議で幹部からクレームがついた。「山の手に対し、下町は場末のイメージがある。タイトルを変えるべきではないか」というものだった。

長田は発売会議の苦情申し立てを吹き飛ばすべく、テスト盤を手に、九州から北海道まで飛行機でとびまわった。

だが、どの地の支店でも「倍賞千恵子の清楚なイメージと下町がかみ合わない」と、難色を示した。

「下町の太陽」は、初プレスわずか千五百枚で発売されたが、関西から火がついてじわじわと売れ始めた。

そして、その年のレコード大賞新人賞を獲得。翌昭和三十八年には映画化され、これも大ヒット。「下町の太陽」は瞬く間に「キングの太陽」に化けたのだった。

東京五輪音頭（昭和三十八年）

宮田　隆　作詞
古賀政男　作曲
三波春夫　唄

ハァー
あの日ローマで　ながめた月が
ソレ　トトントネ
きょうは都の　空照らす
ア　チョイトネ
四年たったら　また会いましょと
かたい約束　夢じゃない
ヨイショコーリャ　夢じゃない
オリンピックの　顔と顔
ソレトトントトトントト　顔と顔

ハァー
待ちに待ってた　世界の祭り
ソレ　トトントネ
西の国から　東から
ア　チョイトネ
北の空から　南の海も
越えて日本へ　どんときた
ヨイショコーリャ　どんときた
オリンピックの　晴れ姿
ソレトトントトトント　晴れ姿

ハァー
色もうれしや　かぞえりゃ五つ
ソレ　トトントネ
仰ぐ旗みりゃ　はずむ胸
ア　チョイトネ
すがた形は　ちがっていても
いずれおとらぬ　若い花
ヨイショコーリャ　若い花
オリンピックの庭に咲く
ソレトトントトトント　庭に咲く

ハァー
きみがはやせば
わたしはおどる
ソレ　トトントネ
菊の香りの　秋の空
ア　チョイトネ
羽をそろえて
拍手の音に
とんでくるくる
赤とんぼ
ヨイショコーリャ
赤とんぼ
オリンピックの
きょうのうた
ソレトトントトトント
きょうのうた

二〇二一年の第三十二回オリンピック開催地は、東京となっている。

昭和三十九年（一九六四）九月、オリンピック史上最高の参加九十三ヶ国、五千人を集めた東京オリンピック以来五十七年ぶりだ。

前回の東京オリンピックには、行事のイベント用に『海を越えて友よきたれ』（飯田三郎作曲）。軽快な『オリンピック・マーチ』（古関裕而作曲）など、数々の歌が作られた。その中で、日本人を含めて、参加国の人々に広く知られたのが「東京五輪音頭」だった。

ＮＨＫが歌詞を募集した、約二千通の中から、鳥取県庁に勤めていた宮田隆の詞を選んだもので、「日本で開催する大会だから、国の雰囲気が漂う親しみやすい曲でありたい」の考えから〝不滅の古賀メロディー〟の主に、作曲の依頼がされた。

当時、日本作曲家協会長の要職にあった古賀政男は、前回ローマ・オリンピックを観戦していて、市内観光の折、ガイド嬢に「次はお国ですね」

と言われたことを、記憶にとどめていた。

入選した歌詞を見ると、

…四年たったら
また会いましょと
かたい約束　夢じゃない

と歌い込まれている。

ローマのガイド嬢の言った言葉と、入選歌詞のフレーズが一致していたことで、作曲家のエモーションをかきたてられ、日本の民謡調を伏線に「東京五輪音頭」は、スムーズに出来上がった。

作曲者の古賀政男はコロムビア専属だったが、国を挙げてのオリンピックとあって、歌の録音権は解放され、どこのレコード会社でも吹き込みが許されていた。その結果、前述のようにキングは三橋美智也、テイチクが三波春夫、コロムビアは北島三郎、畠山みどり。東芝は坂本九と各社人気歌手で競い合うことになった。

競作の結果は、三橋美智也の民謡で鍛えた、ノドを想定して作曲されたにもかかわらず、満面に笑顔をたたえて歌う、浪曲で鍛えた三波春夫のひびきのある華やかな節回しに、さらわれてしまった。

それ故、東京オリンピック開催の年には、三波春夫の歌う「東京五輪音頭」が調子のいいお囃子言葉にのって、全国を風靡する流れになった。

新宿御苑で開催されたフィナーレでは、派手な裾模様をあしらった着物姿の三波が、囃子言葉にのっておどける各国のオリンピック参加選手の姿に、低い笑い声を漏《も》らしながら、アンコールに応えて何回も歌っていた。

圧巻は、三十九年を締めくくるＮＨＫ紅白歌合戦の白組のトリで、三波春夫がこの歌を晴れやかに歌ったことだった。

ああ上野駅（昭和三十九年）

関口義明　作詞
荒井英一　作曲
井沢八郎　唄

どこかに故郷の
香りを乗せて
入る列車の
なつかしさ
上野は　おいらの
心の駅だ
くじけちゃならない
人生が
あの日ここから
始まった
（セリフ略）

就職列車に
揺られて着いた
遠いあの夜を
思い出す
上野は　おいらの
心の駅だ
配達帰りの
自転車を
止めて聞いてる
国なまり

ホームの時計を
見つめていたら
母の笑顔に
なってきた
上野は　おいらの
心の駅だ
お店の仕事は
辛いけど
胸にゃでっかい
夢がある

「ふるさとの　なまりなつかし　停車場の……」

と石川啄木が詠った上野駅は、東北地方への玄関口である。

「ああ上野駅」が東北出身の井沢八郎によって歌われた昭和三十年代、日本経済は高度成長期に入っていた。あらゆる産業が設備を拡大し、増産を図ったため、若い労働力が求められたのである。

中学卒の子供たちが、低賃金で雇えるため〝金のタマゴ〟と言われ、東北や九州といった農村、漁村から集団で上京して来た。

東北からの集団就職列車は上野駅へ到着。ここから出迎えの人々に連れられて工場、商店など就職先へと向かったのである。

まだ十五、六歳の、父母が恋しい子供たちだけに、上野は故郷を思う時の彼らの〝心の駅〟であった。つらい哀しいことがあると、故郷へ帰りたくなり、上野駅へ来てなつかしいお国なまりを聞いていたかも知れない。中にはつらい仕事に耐えられず帰ってしまった子供もいただろう。

「ああ上野駅」を作詞した関口義明は、埼玉県春日部市に住む若い作詞家だった。東京へ勤めていたが、乗降する上野駅で、集団就職で上京するまだ童顔の〝金のタマゴ〟を見るたび、彼らのことをテーマに歌を作ってみようと考えていた。

たまたま、雑誌『家の光』が公募していた〝田園ソング〟に応募したところ、一等に入選し、誌上に発表された。この詞を東芝レコードの近藤秀男ディレクターが目にとめ、昭和三十八年に「男船」でデビューした弘前出身の新人、井沢八郎に歌わせてみようと企てたのである。

井沢は三年前、歌手になりたい一念で家出をし、夜行列車で上野駅に着いた。

あてずっぽうに「歌手・作詞作曲家住所録」を見て、中野区の大沢浄二の家を訪ね、弟子入りを申し込み入門を許された。

三年の修業の後「男船」でデビューするに当って、師から、作詞の松井由利夫の井、作曲の大沢浄二の沢、尊敬する春日八郎の名前を拝借して〝井沢八郎〟と名乗ることになった。

「男船」は発売するや好調の出足で、新人にしては大ヒットの三十万枚を突破、井沢は注目の大型新人の折紙がついた。

青森から家出をして歌手になった井沢八郎と、集団就職の子供たちをテーマにした「ああ上野駅」。あとは作曲家を誰にするかだった。

『この人　この歌』をまとめた斉藤茂は、次のように書いている。

「この大型新人（井沢八郎）にまっ先に目をつけたのはＴＢＳ『ロッテ歌のアルバム』の名ディレクターといわれた田中敦（故人）であった。彼は近藤ディレクターと相談し、新しい音楽仲間を集め、『ああ上野駅』の曲作りディスカッションを行った。その中に作曲家の荒井英一がいて、彼がグループの意見を参考にしながら作曲したという裏話がある。」

戦後を生きぬいた世代にとってなつかしい歌であろう。

ウナ・セラ・ディ東京

（昭和三十九年）　ザ・ピーナッツほか　唄

宮川　泰　作曲

岩谷時子　作詞

哀しいことも　ないのに
なぜか　涙がにじむ
ウナ・セラ・ディ東京
アー……
いけない人じゃ　ないのに
どうして
別れたのかしら
ウナ・セラ・ディ東京
アー……

あの人はもう
私のことを
忘れたかしら
とても淋しい
街は　いつでも
後ろ姿の
幸せばかり
ウナ・セラ・ディ東京
アー……

あの人はもう
私のことを
忘れたかしら
とても淋しい
街は　いつでも
後ろ姿の　幸せばかり
ウナ・セラ・ディ東京
アー……
ウナ・セラ・ディ東京
アー……

身長・顔・声・身ぶりなどが瓜二つの一卵性双生児ザ・ピーナッツは、昭和三十年代から四十年のステージとテレビ番組を彩ったアイドルだった。

伊藤エミ・ユミ姉妹で、名古屋のキャバレーで歌っていた二人をスカウトしたのは、渡辺プロダクション副社長・渡辺美佐だった。双生児の抜群の音感と、息の合ったハーモニーを買ったのである。

エミ・ユミ姉妹は、ジャズ・ミュージシャンでヴォイス・トレーナーをしていた宮川泰の指導を受け、昭和三十四年「南京豆売り（ピーナッツ・ベンダー）」を歌ってデビューした。原曲はキューバの曲で、音羽たかしが詞をあてはめ、宮川泰が編曲していた。

続いて「可愛い花」「キサス・キサス」「情熱の花」と、アメリカ、キューバ、ドイツ生れの曲に音羽たかしが作詞、宮川泰が編曲のカバー曲を歌って人気を高めていくが、フジテレビの『ザ・ヒットパレード』、ＮＴＶの

『シャボン玉ホリデー』、NHK『夢で逢いましょう』などテレビの話題番組に出演したことで、さらにその人気は不動のものとなっていった。

わけても、所属する渡辺プロが制作費を全額負担して自社制作で始めた『ザ・ヒットパレード』『シャボン玉ホリデー』にレギュラー出演。歌やコントで、構成されたバラエティー番組でまたたくうちにお茶の間のトップ・アイドルに育ったのである。

ザ・ピーナッツのヴォイス・トレーナーだった宮川泰は、昭和三十八年に岩谷時子作詞のオリジナル「恋のバカンス」を作曲するまでは、もっぱら洋楽のカヴァー曲の編曲オンリーだった。

それが「恋のバカンス」で作曲を担当すると、西欧風なメロディーにリズム、ハーモニーを乗せた見事な編曲でザ・ピーナッツの真価を世に問うたのである。

歌のタイトルからして〝無国籍歌謡〟の代表みたいな「ウナ・セラ・ディ

東京」は、東京オリンピックが開催された昭和三十九年十月、キングレコードから発売された。

粋な歌詞、西欧風のメロディーとハーモニーは、一卵性双生児のザ・ピーナッツの歌唱力にぴったりはまり、世界各国から東京オリンピックに参加した人々に注目された。

和田弘とマヒナスターズがビクターから競作盤を出したのをはじめとして、この曲はイタリアのミルバ、ドイツのカテリーナ・バレンテなど世界的な歌手もレコーディングしている。

このように世界的な歌手の競作となった「ウナ・セラ・ディ東京」はNHKの『夢で逢いましょう』から生れた坂本九の「上を向いて歩こう」と共に、国際的な評価を得た曲といえるだろう。

岩谷時子・宮川泰のコンビはこの作品で、第六回日本レコード大賞の作詞賞、作曲賞を受賞している。

学生時代（昭和三十九年）

平岡精二　作詞
平岡精二　作曲
ペギー葉山　唄

蔦《つた》のからまるチャペルで
祈りを捧げた日
夢多かりしあの頃の
想い出をたどれば
なつかしい友の顔が
一人一人浮かぶ
重いカバンをかかえて
かよったあの道
秋の日の図書館の
ノートとインクのにおい
枯葉の散る窓辺
学生時代

讃美歌を歌いながら
清い死を夢みた
何のよそおいもせずに
口数も少なく
胸の中に秘めていた
恋への憧れは
いつもはかなくやぶれて
一人書いた日記
本棚に目をやれば
あの頃読んだ小説
過ぎし日よ
私の学生時代

ロウソクの灯に輝く
十字架をみつめて
白い指を組みながら
うつむいていた友
その美しい横顔
姉のように慕い
いつまでも変わらずにと
願った幸せ
テニス・コート
キャンプ・ファイヤー
なつかしい　日々は帰らず
素晴らしいあの頃　学生時代
素晴らしいあの頃　学生時代

青山学院に学んだペギー葉山とは、コインの裏表の関係にある「学生時代」である。同窓の二年先輩だったヴィブラフォン奏者・平岡精二が〝蔦の絡まるチャペル〟ベリーホール礼拝堂のあった時代のキャンパスを回想して、清楚《せいそ》な歌に仕上げていた。

平岡は、ペギーと青山学院で同窓だったのと、戦後米軍キャンプで、同じように音楽活動を始めていただけに、気心は通じていた。

キングの牧野剛ディレクターが、平岡に、ペギー葉山のためのLP『鏡—平岡精二作品集』十二曲の作詞・作曲を依頼したのは、青山学院同窓の二人に通じる雰囲気を読んでいたからだった。

学生時代から米軍キャンプで歌っていたペギー葉山は、和製ドリス・ディの異名をとり、その唱法はバタ臭かった。

平岡精二は、ペギーのその唱法を十分計算の上で、『鏡』の十二曲を構成していったが、その中の一曲に、青山学院時代を回想した「大学生時代」

を入れていた。

ところが、牧野ディレクターは、収録にあたりキャンパスをテーマにした「大学生時代」に違和感を持ち、

「この曲はムードが違うから外しましょう」

と、平岡にもう一曲新たに書いてもらうよう提案したのだった。

蔦のからまるチャペルは、ペギーの学生時代を回想するキーワードであった。その雰囲気を、やさしく軽快なテンポで歌った「大学生時代」が『鏡』の中から外される！

彼女は曲名の「大学生時代」のタイトルに、違和感があった。大学生に対象をしぼり込んでしまうと、購買者が限定されるの思いであった。

それ故「学生時代」に曲名を広げた方が、歌詞にも曲想にも合っていると、改題を提案してみたものの、彼女のために構成されたＬＰ『鏡―平岡精二作品集』から「学生時代」が外されるのには反対だった。

牧野ディレクターとペギーの話し合いは、彼女の意見が通って、「大学生時代」は「学生時代」に改題され『鏡』の十二曲の中に残ることになった。

その美しい横顔
姉のように慕い

と三番の歌詞に歌われているが、彼女はペギーが青山学院時代に憧れ、恋こがれていた上級生だった。その上級生も、青学の先輩・浜口庫之助のバンドで、学生ジャズシンガーとして活躍したことがあった。

この経緯からみて、「学生時代」はペギーの〝私的歌謡〟とも言えた。心ならずも無理に歌わされてビックヒットになった「南国土佐を後にして」と異なり、「学生時代」はペギー自身が心から歌うことを願い、大ヒットした悲願のレパートリーだったのだ。

東京の灯よいつまでも

（昭和三十九年）

藤間哲郎　作詞
佐伯としを　作曲
新川二郎　唄

雨の外苑
夜霧の日比谷
今もこの目に
やさしく浮かぶ
君はどうして
いるだろか
ああ　東京の灯《ひ》よ
いつまでも

すぐに忘れる
昨日もあろう
あすを夢みる
昨日もあろう
若い心の
アルバムに
ああ　東京の灯よ
いつまでも

花の唇
涙の笑顔
淡い別れに
ことさら泣けた
いとし羽田の
あのロビー
ああ　東京の灯よ
いつまでも

タイトルに、東京を頂いた歌の数は、おびただしい。労作『銀座はやり歌』を執筆した保田武宏の「銀座の流行歌一覧」をのぞくと、昭和時代だけでも七百数十曲が収録されている。

銀座と東京、そして明らかに東京のたたずまいを歌った曲も含めてはいるが、政治、経済、文化、風俗の中心であるここは、歌謡曲のテーマに持って来いの街だからだ。

東京オリンピックの年、新川二郎の歌でヒットした「東京の灯よいつまでも」は、藤間哲郎作詞、佐伯としお作曲、四七抜き短調の、いかにも演歌っぽい歌であった。

詞藻に織り込まれている東京の地名は、四つ程度で、この地名、東京以外の盛り場名に変えて「○○の灯よいつまでも」としても、違和感のない歌であった。

が、新川二郎のしっとりと濡れた歌声で「ああ　東京の灯よ　いつまでも」と歌われると、なぜか胸にじーんとくるものがあった。

東京オリンピックに沸いたこの年、新川二郎は「東京の灯よいつまでも」のヒットで悲願とするＮＨＫ紅白歌合戦に初登場していたが、この年の紅白で「東京」をタイトルにふった歌は、ほかに白組で坂本九の「さよなら東京」、紅組で西田佐知子の「東京ブルース」、そしてザ・ピーナッツの「ウナ・セラ・ディ東京」と、紅白両チームで歌われた五十曲のうち四曲を占めていた。

五十曲中の四曲とは、〇・八％になるわけで、歌が世につれる現象を、見事に実証したことになる。

作詞した藤間哲郎にとって、東京オリンピック便乗戦略は当たったわけだが、この作詞家の東京をテーマにした歌謡曲は少なくない。

時系列に、東京関係の歌をピックアップしてみると、およそ次の通りだ。

昭和二十四年／「柳の十字路」川路公恵。「東京の灯ともし頃」宮城しのぶ。

二十六年／「りべらる銀座」暁テル子。三十年／「東京アンナ」大津美子。三十一年／「東京フルフル娘」音羽美子。三十二年／「銀座の紅雀」津村謙。三十三年／「銀座のハイティーン」宮千加子。三十五年／「銀座並木道」大江洋一。三十九年／「東京の灯よいつまでも」新川二郎。

藤間哲郎のこの東京の歌のリストを見るかぎり、ヒットしたのは、大津美子のダイナミックな唱法の「東京アンナ」と、新川二郎の「東京の灯よいつまでも」の二曲だろう。

もともと、この作詞家は民謡調歌謡でデビューした三橋美智也のデビュー当時「おんな船頭唄」のヒット曲を提供し、以後「はんや節」「噂のこして」「相馬盆唄」「なんだこらしょう」「ガッツイネ節」等と、もっぱら民謡を手がけていたのである。

その作詞家が、花の東京をテーマに勝負し、二曲もヒットさせたのは、ヒット率二・三％の歌謡界では見事だったと言える。

東京ブルース（昭和三十九年）

水木かおる　作詞
藤原秀行　作曲
西田佐知子　唄

泣いた女が
バカなのか
だました男が
悪いのか
褪《あ》せたルージュの
くちびる噛んで
夜霧の街で
むせび哭《な》く
恋の未練の
東京ブルース

どうせ私を
だますなら
死ぬまでだまして
欲しかった
赤いルビーの
指環に秘めた
あの日の夢も
ガラス玉
割れて砕けた
東京ブルース

月に吠えよか
淋しさを
どこへも捨て場の
ない身には
暗い灯かげを
さまよいながら
女が鳴らす
口笛は
恋の終わりの
東京ブルース

日本にジャズの楽しさを導いた作曲家に、服部良一がいる。

昭和十二年（一九三七）に、藤浦洸作詞、淡谷のり子が歌ってヒットした「別れのブルース」を第一弾に、十三年野川香文作詞、やはり淡谷が歌った「雨のブルース」、十四年西條八十作詞、またも淡谷のり子の「東京ブルース」と、〝ブルースの女王〟の真価を問う三大ブルースは、服部の手でこの三年間に作曲されていた。

「別れのブルース」と「雨のブルース」は、服部の抑えがたい作曲意欲の迸《ほとばし》りから生まれた感があったが、「東京ブルース」は東宝映画『東京ブルース』の主題歌として作られていた。

昭和十四年にヒットした淡谷のり子の「東京ブルース」と同じ曲名で、四半世紀後の三十九年に西田佐知子でヒットしたのが、水木かおる作詞、藤原秀行作曲の歌だった。

六〇年安保闘争の前後に、にわかに歌われはじめた「アカシアの雨がやむとき」と同じ顔ぶれで、いつわりの恋に破れた女の捨て鉢の心情を歌っていた。

泣いた女がバカなのか
だました男が悪いのか

各連の歌い出しのフレーズには、男にだまされた女の投げやりの心情が、ストレートに歌われていた。

西田佐知子の延びのあるノンビブラートの唱法は、捨てた男への怨念を、相手の胸に突き刺すように訴えているようだった。

リリカルな悲恋ものを書かせたら、当代一の作詞家としての評価を定着させた水木かおるのヒット曲は、昭和三十五年の「アカシアの雨がやむとき」から、四十一年の「裏町酒場」まで、作曲はすべて藤原秀行となっていた。

年代を追って題名と歌手を記すと、次の通りになる。

「アカシアの雨がやむとき」西田佐知子。「霧笛が俺を呼んでいる」赤木圭一郎。「死ぬまで一緒」西田佐知子。「エリカの花が散るとき」西田佐知子。「道」丘野美子。「東京ブルース」西田佐知子。「夕日の波止場」及川三千代。「裏町酒場」西田佐知子。

水木かおる、藤原秀行のコンビで、ヒットした八曲のうちの五曲が、西田佐知子によって歌われていることを知ると、彼女は悲恋、失恋を歌わせたら、右に出るものがいないハートブレイク・シンガーと言えそうだ。

実生活では、関口宏と熱烈な愛を実らせた西田だったが、歌の上ではその姿影と歌唱ムードから、恋に破れた女性にぴったりと言えた。

ほとんど病床にあって作詞をつづけた水木かおるの詞の醸し出す神通力と言えたが、彼自身は島崎藤村の「千曲川旅情の歌」が好きだったとか。

東京流れもの（昭和四十年）

永井ひろし　作詞
不詳　作曲
竹越ひろ子　唄

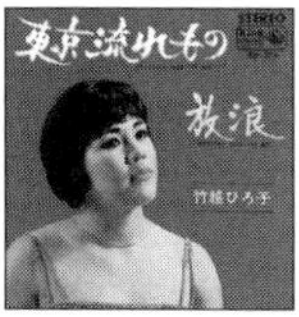

流れ流れて
東京を
そぞろ歩きは
軟派でも
心にゃ硬派の
血が通う
花の一匹
人生だ
あぁ　東京流れもの

夜の暗さに
はぐれても
若い一途《いちず》な
純情は
後生《ごしょう》大事に
抱いて行く
浪花節だよ
人生は
あぁ　東京流れもの

曲りくねった
道だって
こうと決めたら
まっすぐに
嘘とお世辞の
御時世にゃ
いてもいいだろ
こんな奴
あぁ　東京流れもの

作者が誰であるかわからないままで、巷《ちまた》に歌いつがれている歌がある。正統性がないだけに、歌詞にも旋律にも、どことなく影があり、その負のムードが歌う者に、共犯意識をつのらせるのである。

「東京流れもの」は、作曲者不詳のまま、思い思いの詞で歌われていた歌だった。流れ者とはさすらう、さまよい歩くといった意味で、そのタイトルからして、反社会集団の匂いがあった。

また、思想犯や凶悪犯罪者を収容していた北海道の網走刑務所で、被告の間で歌われていた「網走番外地」、東京少年鑑別所で歌われた「練鑑ブルース」も作者不明で、前者は東映の『網走番外地』シリーズに主演した高倉健によって、低いドスのきいた声で歌われたほか、渡哲也、藤圭子、春日八郎、渡瀬恒彦、大木信夫、彫清、凡天太郎、木立じゅんなどが歌っていた。

後者の「練鑑ブルース」は山下敬二郎が歌っていた。さらに流れ者系には「関東流れ者」を松方弘樹、渡哲也が歌っていたが、これらの歌は昭和三十四年に制定され、何回か改訂された「日本民間放送連盟」の青少年への影響を考慮した規制によって、放送を禁じられていた。

審査基準は十項目あって、「人種・民族・国民・国家について、その誇りを傷つけるもの」を筆頭に「違法・犯罪・暴力などの反社会的な言動を扱い、共感をおぼえさせ、もしくは好奇心をいだくおそれのあるもの」「頽廃的・虚無的・厭世的あるいは自暴自棄的で、著しく暗い印象を与えるもの」「表現が暗示的、あるいはあいまいであっても、その意図するところが連盟放送基準に触れるもの」などだった。

昭和四十年（一九六五）、竹越ひろ子の伝法風な唱法で歌われた「東京流れもの」は、民放連とレコード制作基準規制にスレスレの歌であった。

作曲者は不詳となっていたが、補作した永井ひろしの詞が、禁歌規制に触れないよう自主規制をした甲斐があって、広く歌われることになった。

しかし、「東京流れもの」を女性の身で歌ったのを苦々しく思う者がいたのは事実だった。彼女は翌四十一年「赤い皮ジャン」を歌って、民放連から「要注意」指定を受けていた。

参考までに「東京流れもの」がヒットした昭和四十年に、「その歌、ちょっと待った!」の要注意を受けた歌は、なんと次の通り14曲にも及んだのである。

「彼女の墓はどこだろう」高城丈二、「網走エレジー」佐川ミツオ、「網走番外地」高倉健、「あらゆり小唄」朝丘雪路ほか、「裏町番外地」大下八郎、「悦楽のブルース」島和彦、「おんな番外地」三界りえ子、「関東流れ者」松方弘樹、「新宿無情」安藤昇、「ズンドコ恋唄」三界りえ子、「番外地小唄」白根一男、「番外地ブルース」バーブ佐竹、「ピヨピヨ節」朝丘雪路、「無頼」高城丈二。

竹越ひろ子の「東京流れもの」もこの流れから見て、スレスレの魅力だったのだろう。

赤坂の夜は更けて（昭和四十年）

鈴木道明　作詞
鈴木道明　作曲
西田佐知子　唄

いまごろどうして
いるのかしら
せつない想いに
ゆれる灯《ほ》かげ
むなしい未練とは
知りながら
恋しい人の　名を囁けば
逢いたい気持ちは
つのるばかり
赤坂の夜は　更けゆく

夜霧が流れる
一ツ木あたり
つめたくかすんだ
街の灯《ひ》よ
うつろなる心に
たえずして
泪ぐみひそかに　酔う酒よ
身にしむわびしさ
しんみりと
赤坂の夜は　更けゆく
赤坂の夜は　更けゆく

アジアで最初のオリンピックが東京で開催されたのは、昭和三十九年（一九六四）年十月十日から二十四日にかけてである。

それは敗戦によって焦土と化した日本の見事に立ち直った姿を世界に喧伝する絶好のチャンスでもあった。

この世界的なスポーツ競技大会開催のために、国立競技場、日本武道館などの競技施設や、高速道路が建設されたため、首都の景観は一変した。

九月六日に名神高速道路が開通したのを初めに、十月一日東海道新幹線と、開会式に間に合わせるための動きは、あわただしいかぎりだった。

そして、街の景観の変化に相乗するかのように、歌謡界にもヌーベル・バーグ（新しい波）が押し寄せてきた。伝統的な演歌とは異なったアレンジと、レコーディング技術に支えられた新鮮なメロディーと唱法で、新しい歌い手たちが次々に、人気の座を確立していった。

ちょうどこの時期、「赤坂の夜は更けて」でノンビブラートの伸びのある唱法で注目されたのが、西田佐知子だった。五年前に「アカシアの雨がやむとき」で、芸名を変えて再デビューに成功した歌手である。

作詞・作曲は東京放送（ＴＢＳ）の演出部長鈴木道明だった。

その鈴木は、演出部長という職柄、仕事に追いまくられていて、勝手知った銀座へも飲みに行けなかった。夜更けて会社を出るときに、馴染みになった彼女のことをふっと、脳裡に思い浮かべたとき、

いまごろ　どうして
いるのかしら

と、「赤坂の夜は更けゆく」のフレーズは、自然に口の端にのぼってきたのだった。鈴木道明はその詞に、時流となっていた洋楽的な感覚の強いメロディーを付けたのである。

和製ポップスの音色の濃い「赤坂の夜は更けて」は、各レコード会社のディレクターや歌手を刺激し、レコーディング希望が続出した。そして、〝泣き節〟の島倉千代子、ムード・コーラスのマヒナ・スターズ、クール・ファイブ、ジャズ歌手・武井義明らの競作になった。

その中で西田佐知子盤が群を抜いてヒットしたのは、この盤のB面に『女の意地』も歌っていたからだった。鈴木道明が、当時人気のジャズ歌手・柳沢真一と結婚して、すぐ別れた池内淳子の疲れた横顔をみて、

こんなに別れが　苦しいものなら
二度と恋など　したくはないわ

と、心境を憶測して作詞・作曲した歌だった。

西田佐知子は、そのB面の「女の意地」と共に「赤坂の夜は更けて」を歌いつづけているうちに、A・B面が相乗してヒットへと押し上げていったのだった。

ラブユー東京（昭和四十一年）

上原　尚　作詞
中川博之　作曲
黒沢明とロス・プリモス　唄

七色《なないろ》の虹《にじ》が
消えてしまったの
シャボン玉のような
あたしの涙
あなただけが
生き甲斐なの
忘れられない
ラブユー　ラブユー
涙の東京

いつまでもあたし
めそめそしないわ
シャボン玉のような
明るい涙
明日からは
あなたなしで
生きてゆくのね
ラブユー　ラブユー
涙の東京

幸せの星を
きっとみつけるの
シャボン玉のような
夢見る涙
お馬鹿《ばか》さんね
あなただけを
信じたあたし
ラブユー　ラブユー
涙の東京　涙の東京

都会派ムード歌謡の手始めになった歌である。タイトルと歌詞、そして旋律に夜の盛り場の情緒が、心憎いほどに歌い込まれていて、大ヒットするテイストが、歴然と感じられる雰囲気があった。

しかし、昭和四十一年（一九六六）四月、クラウンから、黒沢明とロス・プリモスの歌で発売された当時は「恋ゆえに」の裏面であった。

キャンペーン先で歌ってみると、A面の「恋ゆえに」のリアクションに倍する反応が、B面の「ラブユー東京」にあった。

レコード業界には、由来、A面をしのぐ反響がB面にあった場合、表裏をひっくりかえすケースが少なくなかった。

千軍万馬の古強者《ふるつわもの》が幅をきかす業界ならではの流れで、ベテランの経験則が、新しい才能や、ヒットの芽を摘みとっていた陋習《ろうしゅう》ともいえた。

しかし、クラウンでは「ラブユー東京」の反響のよさをみて、中途から表裏をひっくりかえしたところ、案の定大ホームランになった。

上原尚作詞、中川博之作曲だったが、曲の誕生には作曲者のリサーチが大きな役割をはたしていた。

劇団のマネージャーから、ＣＭ制作プロに変わったばかりの中川博之が、下宿の娘からの、

「銀巴里に素敵なラテン・コーラスが出ています。聴きにいったら……」

という情報から動き出した企画だった。

銀巴里は銀座七丁目にあるシャンソンのライブ喫茶であった。地下一階にあって、そこには丸山明宏（美輪明宏）や戸川昌子、岸洋子、金子由香利など、後年名を成す歌手やバンドが出演していた。

中川は銀座七丁目の銀巴里をのぞき、下宿の娘の推す素敵なラテンコーラスを聴いて、その甘いハーモニーに酔い、このグループに合った曲をの思いに駆られて作曲したのが、ムード歌謡「ラブユー東京」だったのだ。

男性ばかりのグループだったが、上原尚は、甘いムードの曲調に合わせ

るべく〝おんな唄〟に仕立てたのだった。

それはサビの部分に、

「シャボン玉のような　あたしの涙」

を一番に、「シャボン玉のような　明るい涙」「シャボン玉のような　夢見る涙」と涙のバリエーションをおき、終りのフレーズを、「ラブユーラブユー　涙の東京」で終える構成だった。

予想どおり、リードヴォーカルの森聖二の甘い高音が聴く者の心をウルウルさせる予兆がつかめた。

担当ディレクターは、この動きをさらにひろげるために、当時は未開拓の宣伝媒体だった有線放送をフルに使って、間断なく「ラブユー東京」を放送させたのだった。

作戦は当たって、リードヴォーカルの森聖二のリフレーンの「ラブユーラブユー　涙の東京」は、聴く者の耳に確実に届いたのだった。

新宿そだち（昭和四十二年）

別所　透　作詞
遠藤　実　作曲
津山洋子&大木英夫　唄

女なんてサ　女なんてサ
嫌いと思ってみても
ひとりで飲む酒　まずい酒
指名しようか　いつもの娘
俺もおまえも　新宿そだち

男なんてサ　男なんてサ
嫌いと言ってはみても
貴方の名刺を　胸に抱く
一目惚れさす　にくい人
恋に弱いの　新宿そだち

女なんてサ　女なんてサ
嫌いさツンツンしてさ
ネオンの数より　いるんだぜ
だけど気になる　あのそぶり
今日もあいたい　新宿そだち

男なんてサ　男なんてサ
嫌いよはっきりしてよ
好きなら好きだと　ききたいの
駄目よ浮気じゃ　出直して
本気に燃えます　新宿そだち

中央線の沿線で流し生活を十年つづけて、酒場に集う男ごころの裏表を的確につかんでいたのが遠藤実であった。

私は世代を共にしたこの作曲家と、取材や歌を通じて親しい関係になっていたが、彼はプライベートの席では二つ年上の私に、兄事する姿勢を見せてくれたものだった。

数々のヒット曲について、腹蔵なくその秘密を明らかにしてもくれて、遠藤メロディーの基本的音色が「ラ」の音階であることや、旋律の底に、「荒城の月」「朧月夜《おぼろつきよ》」、ドボルザークの「新世界」第二楽章のラルゴの部分を隠し味にしていることなどを隠しだてなく教えてくれた。

また、作曲にあたって、ほんの一個所に一文字加える、あるいはリフレーンさせる、または省略するだけで、歌の表情が一変するコツを教えてくれた。

後世に残る昭和のベスト・テン上位の「くちなしの花」は、十回近い

推敲《すいこう》を経て、作詞家の水木かおるから詞が届いた時、

いまでは指輪も　まわるほど
やせてやつれた　おまえのうわさ

と歌われる最初のフレーズは、詞のまん中あたりにあったという。

彼はいちばんオイシイ部分が、2コーラスのまん中あたりでは、いかにももったいない。「アタマにもってきてくれませんか」と、注文をつけて、歌い出しにしたのだと言う。

昭和四十二年（一九六七）九月に、津山洋子と大木英夫のデュエットで発売された別所透の「新宿そだち」も、遠藤のもとに詞が届いた時は、

女なんて　女なんて
嫌いと思ってみても

と、切り口上の詞であった上に、「新宿祭りのテーマソングとして歌えるような、阿波踊り調の曲を付けて欲しい」との注文だったという。

経営するミノルフォン・レコードの拠点を新宿におく遠藤は、作詞家のこの注文に違和感を持って、

「新宿は都庁も来るし、副都心として発展する街ですから、もっとモダンで都会的な雰囲気のメロディーを付けた方がいいですよ」

と、浮かれる阿波踊り調に異を唱えて、

女なんてサ　女なんてサ

嫌いと思ってみても

と、歌い出しのフレーズのリフレーンに「サ」を一文字つけることで、歯切れのよい導入の工夫をこらしたのだと言う。

このたった一文字の「サ」を加えることで、「新宿そだち」は全くムードが変わり、男と女の情に血が流れ、デュエットが活性化したのである。

松竹は、このヒットに着目して同題の映画を制作。当てた津山洋子と大木英夫は、ミノルフォン在籍時代は必死でこの歌を歌いつづけた。

新宿ブルース（昭和四十二年）

滝口暉子　作詞
和田香苗　作曲
扇ひろ子　唄

恋に切なく　降る雨も
ひとりぼっちにゃ　つれないの
夜の新宿　こぼれ花

涙かんでも　泣きはせぬ
あんな男と　思っても
忘れることが　出来ないの

惚れてみたって　夜の花
添える訳では　ないものを
西を向いても　駄目だから

東を向いて　みただけよ
どうせ儚い　なみだ花
夢に流れて　ゆくだけね

こんな私に　うまいこと
云って泣かせる　憎いひと
追ってみたって　はぐれ花
恨むことさえ　あきらめた

生きて行くのは　私だけ
死んで行くのも　私だけ
夜の新宿　ながれ花
いつか一度を　待ちましょう
いつか一度を　待ちましょう

昭和四十年代のご当地ソング・ブームの原点となったのが「新宿ブルース」であった。

四十二年（一九六七）の春先から、新宿中心に火がつき、全国的にひろまっていった。

滝口暉子作詞、和田香苗作曲の新曲を、長身で美貌の扇ひろ子が、毎夜、四軒当て一カ月にわたって、バー、居酒屋、クラブのハシゴをこころみ、その執念でヒットに結びつけたのである。

歌詞のサビの部分に「夜の新宿　こぼれ花」に「夜の新宿　ながれ花」の地名があるだけの、街の特色は何も歌い込まれていないご当地ソングだった。

つまり、この部分を変えれば、どこにも通用するブルースだったのだ。

そんな都会調ブルースがヒットしたのは、扇ひろ子の魅力にあったと見るべきだろう。

彼女は当時ミノルフォン専務・遠藤実が、コロムビア時代に育てた歌手であった。

広島の原爆被爆者の娘というふれこみで、テストを受けに来て、含みのある声の魅力を買われて、かろうじて拾われたラッキー娘だったが、テストではあがってしまい、メロメロの態だったという。

流しから演歌の最先端を行く作曲家になっていた遠藤が、テストでは失格もいいところだった扇ひろ子を拾ったのは、

「ほりの深い、綺麗な高校生で、うまく育てれば広島の人の喜びになると思ったからでした。容姿にそぐわない野ぶとい声が印象的でした」

の〝異端〟を買った理由からだった。

太平洋戦争末期、父親の郷里・新潟県へ疎開し、掘っ建て小屋に住み、土地の子供らのいじめにあって育った遠藤実だった。

家が貧しくて高校へも進めず、作男や門付《かどつけ》をして歌の勉強をした。

そんな赤貧生活に耐えた体験を持つ遠藤実だけに、原爆で一瞬にして街を全滅させられた広島生まれのひろ子への憐憫《れんびん》の情は強かった。

また、美貌に似合わない彼女の野太い声の、アンビバレントな魅力を、先もの買いしたのかも知れない。しかし、扇ひろ子は三年間ヒットもなく、いつも人気歌手の前歌ばかりという暮らしだった。

下積みのそんな状況が続けば、過半は脱落していく。だが、彼女は歌声そのもののように、野太くケロリとして笑顔で歌いつづけていた。

その扇が歌った「新宿ブルース」が、有線放送、レコード売上、演奏と、歌謡の媒体という媒体のトップを占め、新宿はもとより、日本中の盛り場という盛り場にあふれる現象となったのである。

真田信行ディレクターは、時代相を計算した上で、扇ひろ子の含みのある声の都会調ブルースが必ず当たるのではないかと、企画した勝利と語っていた。

新宿の女（昭和四十四年）

石坂まさを・みずの稔　作詞
石坂まさを　作曲
藤　圭子　唄

私が男に
なれたなら
私は女を
捨てないわ
ネオンぐらしの
蝶々には
やさしい言葉が
しみたのよ
バカだな　バカだな
だまされちゃって
夜が冷たい　新宿の女

何度もあなたに
泣かされた
それでもすがった
すがってた
まことつくせば
いつの日か
わかってくれると
信じてた
バカだな　バカだな
だまされちゃって
夜が冷たい　新宿の女

あなたの夢見て
目が濡れた
夜更けのさみしい
カウンター
ポイとビールの
栓のよに
私を見捨てた
人なのに
バカだな　バカだな
だまされちゃって
夜が冷たい　新宿の女

〝演歌の星を背負った宿命の少女〟というキャッチフレーズで「新宿の女」でデビューしたのが、藤圭子である。

昭和四十四年（一九六九）九月が、宿命の少女の芸能界への旅立ちの日だった。

当時マスコミに流布された彼女の横顔は、父親は病弱で働けず、めしいに近い母親・澄子の三味線の弾き語りで、赤貧洗うが如き暮しをしてきた、というものだった。

浅草の飲み屋街を流していたこの母娘を、澤ノ井龍二――後の石坂まさをが知ったのは藤圭子（本名阿部純子）が十七歳の頃だった。

目の不自由な母親に寄り添って、通りすがりの人に訴えるかのように、大きな目を見開いて歌っていたが、人形のような顔にそぐわない、低いかすれた声だった。

聞けば少女は、北海道で作曲家の八洲秀章に見い出され、ビクターへ入ったが芽が出ず、各社を転々。その当時は東芝に籍をおいて、夜の流しをしているとのことだった。

その境遇を聞いて同情した石坂まさをは、彼女を自宅にひきとり、本格的なレッスンをする一方、所属していた東芝にデビューを持ちかけたが相手にされなかった。

石坂は、そのつれない応対に東芝レコードの専属をやめてフリーとなった。

そして、人生のすべてを、阿部純子に賭けようと、彼女の芸名を藤圭子に替え、石坂が師と仰ぐ作詞家の星野哲郎の所へ連れて行き、星野が作詞した「叱らないで」を歌わせたのだ。

ソミレド／ソミレドと、降下するメロディーの暗いムードの歌だったが、低いかすれ声の彼女にはピッタリの歌だった。

そこで石坂は、「叱らないで」のメロディーを逆にして、ドレミソ／ドレミソにして、「新宿の女」と題し、藤圭子のデビュー曲を作詞したのだった。

石坂は、日本ビクターから独立したＲＶＣに「新宿の女」を持ち込み、マスコミに話題を提供するために、「新宿25時間キャンペーン」のノボリを立てて、歌舞伎町界隈を徹夜で藤圭子に回らせた。

石坂まさをから、無口で笑わない薄幸の女の演技を命じられた彼女は、人前では人形のような硬い表情で通して、つづく『圭子の夢は夜ひらく』のビッグヒットで、スターに上りつめた。

圭子のかもす暗いイメージから〝怨歌〟の造語が、人気作家・五木寛之のペン先から生み出されたのはこの後であった。

その〝怨歌の星〟は、デビューして四十四年後の平成二十五年（二〇一三）八月二十二日の夜、新宿の高層マンションから、飛び降り自殺する。

奇しくも、恩師・石坂まさをを偲ぶ会の前日だった。

池袋の夜（昭和四十四年）

吉川静夫　作詞
渡久地政信　作曲
青江三奈　唄

あなたに逢えぬ　悲しさに
涙もかれて　しまうほど
泣いて悩んで　死にたくなるの
せめないわ　せめないわ
どうせ気まぐれ東京の
夜の池袋

他人のままで　別れたら
よかったものを　もうおそい
美久仁《みくに》小路の　灯りのように
待ちますわ　待ちますわ
さようならなんて言われない
夜の池袋

にげてしまった　幸福は
しょせん女の　身につかぬ
お酒で忘れる　人生横丁
いつまでも　いつまでも
どうせ気まぐれ東京の
夜の池袋

東京の銀座、浅草、上野、新宿といった盛り場をテーマの〝ご当地ソング〟の数は、実におびただしい。メインストリートの銀座を歌った歌は「千曲を越える」と、歌謡研究家の保田武宏は証言している。

それらの繁華街が、歌の題材に好んで取りあげられる理由は、売れるからに他《ほか》ならない。ところが、池袋を冠したソングは、昭和四十年代に入るまではなかった。新宿、渋谷に比べて、池袋は新開地の印象が強く、山手線を挟んだ戦後の西口界隈は、ぎっしりバラック建の飲み屋が犇《ひし》めく反社会ムードの街だった。

当然、風紀は悪く、迷路のようなバラック街を通り抜けた先に「鈴懸の径」に歌われた立教大学のキャンパスがあるのに、池袋の西口の一角は近寄り難いイメージが強かった。

この池袋を「伊勢佐木町ブルース」「長崎ブルース」で大ヒットを飛ばした青江三奈に歌わせる企画を立てたのが、ビクターの担当ディレクター磯部健雄だった。

プロ野球で活躍した前歴を持つ磯部は、肩幅の広い大柄なスポーツマンタイプのフランクな人物だった。それでいて、歌に対する勘は鋭く、磯部の手によって世に出た歌手、作詞・作曲家は多かった。

その磯部が、港町の横浜、長崎を冠したご当地ソングで大当たりした青江の次のテーマに決めたのが、池袋であった。横浜、長崎のあとに池袋にした理由は、いままでほとんど取り上げられていない街だったからだ。

とはいえ、企画提案者の磯部に、池袋の持つ負のイメージは消しがたかった。

戦後も四半世紀になった昭和四十四年頃、西口のバラック飲み屋街はようやく整理され、駅に並んで東武デパート、東口には西武デパートやパルコ、駅前に三越デパートが建ち並び、雰囲気はすっかり変わっていた。

が、新宿、渋谷に比べて、ここは二流の盛り場のイメージは拭いがたかった。ところが、作詞を依頼された吉川静夫は、まだ歌謡の未開拓の街に、逆にファイトを燃やして、連日連夜、池袋の街を歩きまわり、作詞の下資料を集めにかかったのである。

その上で「美久仁小路」「人生横丁」など、池袋の夜の飲み屋街を彷徨《ほうこう》した者でないと知りえない小路、横丁名を織り込んだ「池袋の夜」を書き上げたのだった。

作曲の渡久地は、三十八年の「島のブルース」以来、ヒットから遠ざかっていただけに、「池袋の夜」に期するものがあって、歌詞の最後のフレーズに、青江のブルームードを充分に盛り込んだ曲を付けたのである。

日活は「池袋の夜」の大ヒットに即応して『女の手配師・池袋の夜』のタイトルで、和田浩二・集三枝子主演であやかりメロドラマを製作。青江三奈も映画の中で「池袋の夜」を歌った。そして、第十一回日本レコード大賞歌唱賞を受賞している。

学生街の喫茶店

（昭和四十七年）

山上路夫　作詞
すぎやまこういち　作曲
ガロ　唄

君とよくこの店に
来たものさ
訳もなくお茶を飲み
話したよ
学生でにぎやかな
この店の
片隅で聴いていた
ボブ・ディラン
あの時の歌は聴こえない
人の姿も変わったよ
時は流れた

あの頃は愛だとは
知らないで
サヨナラも言わないで
別れたよ　君と

君とよくこの店に
来たものさ
訳もなくお茶を飲み
話したよ
窓の外　街路樹が美しい
ドアを開け
君が来る気がするよ
あの時は道に枯葉が
音もたてずに舞っていた
時は流れた
あの頃は愛だとは
知らないで
サヨナラも言わないで
別れたよ
君と　君と

平岡精二が、母校である渋谷の青山学院のキャンパスを回想して作詞・作曲した「学生時代」は、やはり同窓だったペギー葉山のさらりとした歌で大ヒットした。

その流れを踏襲した山上路夫作詞、すぎやまこういち作曲、ガロが歌う「学生街の喫茶店」も、やはり「学生時代」をイメージして作られた曲である。

君とよくこの店に　きたものだ
訳もなくお茶を飲み　話したよ

昭和四十八年（一九七三）の春先に大ヒットしたが、発売されたのは前年の六月であった。

七十二年から七十三年にかけて「学生街の喫茶店」が売り上げ面で大きな動きを見せた事実は、フォークもしくはフォーク的な曲が、この頃から演歌を抑えて、レコード売り上げで主流を占めはじめた証左であった。

調べてみると、この頃にヒットしたフォーク調の曲は、吉田哲郎の「結婚しようよ」「旅の宿」、上條恒彦の「出発《たびだち》の歌」、あがた森魚《もりお》の「赤色エレジー」、遠藤賢司の「カレーライス」、五輪真弓の「少女」、チューリップの「魔法の黄色い靴」など、そのタイトルといい、歌った歌手といい、既成の歌謡界の流れとは異質な作り手が、目を見張る活躍をしていた。

ガロの「学生街の喫茶店」も、この流れの中にあったが、タイトル、テーマ、歌っている顔ぶれから見て、カレッジ・フォーク嫡流《ちゃくりゅう》の感があった。

当然「学生時代」の作詞・作曲者が青山学院出身の平岡精二だったのに照らして、作詞の山上路夫は、慶應義塾大学あたりの思いがあった。

ところが彼は、五歳の頃から小児喘息で大学はおろか、高校へも進学できない病弱者で、学齢期のほとんどを寝たきりで過ごしていたのである。

ただし、山上の父親は、戦後の歌謡界に一陣の風のようなフレッシュ・

メロディーを提供した東辰三だった。なんとビクターの戦後初ヒット、平野愛子の歌った「港の見える丘」や「君待てども」の作詞・作曲者だったのである。

遅れて登場した戦後の作詞界のヒットメーカー星野哲郎は、山上路夫が東辰三の長男であることがわかった業界の驚きぶりを、次のように書いている。

まず、「東辰三は、七五調にしばりつけられていた日本の歌謡を自由律に開放した人だ」と賞賛し、「山上君がその東辰三さんの息子であるという。こんなに驚いたことはなかった。何よりも東さんの所属していたビクターが驚いた。『ひと言いってくだされば』という心境だったにちがいない。」

ヒットのいま一つの要因は、『ザ・ヒットパレード』『シャボン玉ホリデー』番組プロデューサーで、グループサウンズのブーム期に、ザ・タイガースの作曲者として活躍したすぎやまこういちが加わっていることだった。

神田川（昭和四十八年）

喜多条忠　作詞
南こうせつ　作曲
南こうせつとかぐや姫　唄

貴方は　もう忘れたかしら
赤い手拭　マフラーにして
二人で行った　横丁の風呂屋
一緒に出ようねって　言ったのに
いつも私が　待たされた
洗い髪が芯まで　冷えて
小さな石鹸　カタカタ鳴った
貴方は私の　身体を抱いて
冷たいねって　言ったのよ
若かったあの頃　何も恐くなかった
ただ貴方のやさしさが　恐かった

貴方は　もう捨てたのかしら
二十四色の　クレパス買って
貴方が描いた　私の似顔絵
巧く描いてねって　言ったのに
いつもちっとも　似てないの
窓の下には　神田川
三畳一間の　小さな下宿
貴方は私の　指先見つめ
悲しいかいって　きいたのよ
若かったあの頃　何も恐くなかった
ただ貴方のやさしさが　恐かった

フォークソングの「神田川」は、〝四畳半フォーク〟の傑作として、爆発的ブームを呼んだ。

喜多条忠作詞、南こうせつ作曲。グループ名が「かぐや姫」という男性グループによって世に出ていた。男性グループが、女性人称の「かぐや姫」を名乗ったのは、結成の下相談をしたところが、なんと竹藪の中だったからだった。

作詞も、仲間だった喜多条忠から、南こうせつのアパートに電話がかかってきて「いま、いい詞ができたんだ。ちょっとメモをとってくれ」と言われて、あわててメモの用意をしたのが発端だった。

受話器から〝あなたは　もう　忘れたかしら……〟の詞が流れてきたが、メモをとる南の頭の中で自然に曲想が浮かび、「神田川」のメロディーになった。三畳一間の下宿に同棲する若い男女が、銭湯から肩を寄せ合って帰る姿をリアルに歌ったこの歌には、南こうせつの経験的なセンスが光っていた。

大分県に生れた南高節（本名）は、高校時代からグループを組み音楽活動を始めていた。明治学院大学に進学するが、彼は学業より歌活動を優先させる生活だった。

昭和四十五年四月、念願が叶ってソロシンガーとして「最後の世界」でデビューするが、歌は全く売れなかった。しばらくして、大分時代の友人二人と話し合い第一期「かぐや姫」を結成した。

翌四十六年、心機一転して伊勢正三、山田パンダの三人で第二期「かぐや姫」を再結成している。

「神田川」が出来上がったのは、第二期「かぐや姫」時代であった。喜多条忠の体験が、ほぼありのままに綴られていた。

歌詞には、同棲生活をした部屋が三畳一間だったと書いてあったが、南こうせつの馬込の部屋も、喜多条とそう変わるものではなかった。

作詞家と作曲者の貧しい下宿生活の共感があって、この歌は即興的に生れたわけだった。しかし即製曲だけに欠点がみられた。

一例をあげると「二人で行った　横丁の風呂屋」の字余りのくだりを、早口で処理するなどが玄人には耳ざわりで、そのためシングル盤にはならなかった。

かろうじて、LPの一曲に収録されたが、発売されて「オールナイトニッポン」などの深夜放送で流されると、なぜか「神田川」を名指してのリクエストが殺到した。

プロの感覚には不評だったリクエスト反応に、クラウンはあらためて、シングル盤を発売することにした。そして発売と同時に「神田川」は、ヒットチャートの一位に躍り出たのである。

「かぐや姫」解散後、南こうせつがリサイタルで「神田川」を歌い始めると、会場のあちこちに、すすり泣きが聞こえるとの伝説も生れた。

なみだ恋

（昭和四十八年）

悠木圭子　作詞
鈴木　淳　作曲
八代亜紀　唄

夜の新宿　裏通り
肩を寄せあう
通り雨
誰を恨んで
濡れるのか
逢えばせつない
別れがつらい
しのび逢う恋
なみだ恋

夜の新宿　こぼれ花
一緒に暮らす
しあわせを
一度は夢に
みたけれど
冷たい風が
二人を責める
しのび逢う恋
なみだ恋

夜の新宿　裏通り
夜咲く花が
雨に散る
悲しい運命《さだめ》を
占う二人
何故か今夜は
帰したくない
しのび逢う恋
なみだ恋

八代亜紀は、「なみだ恋」によって、ようやくスターダムにのし上がった歌手である。

十代半ばで歌手を夢見て、熊本から上京。クラブ歌手を経て、苦節七年後に勝ち取ったスターの座であった。

後年、レコード大賞をめぐって〝五・八戦争〟をくりひろげる五木ひろしと、下積み時代に苦労をともにしたこともあった。

五木は、明日のライバルになる八代亜紀に、あたたかい手を差しのべた恩人でもあった。

亜紀が作曲家・鈴木淳、作詞家・悠木圭子夫妻の門下生になったのは、「全日本歌謡選手権」に出場し、十週を勝ち抜いてプロ歌手の認知を受けた後だった。

「別れてあなたを」でレコードデビューを果たしていたものの、売れなくて重い楽譜の束《たば》を右手に、全国のクラブを転々とする生活が続いた。

楽譜の束は、彼女がクラブで歌う時、演奏のバンドの面々に配るものだった。その苦難生活を物語るように、重い楽譜を持ち歩いた亜紀の右手は、左手よりやや長くなったという伝説が生まれた。

「なみだ恋」を吹き込んだのは、このように苦労しながら全国のクラブを転々とした後の、昭和四十七年だった。

「なみだ恋」はB面候補で、リハーサル二回本番一回という早さでOKとなり、A面用の「雨のカフェテラス」は、逆に何回もテストを繰り返した後に、やっと本番となった難曲だった。

そんなことから翌四十八年二月の発売時には、「なみだ恋」の軽さが受けて「雨のカフェテラス」にかわってA面になっていた。

発売してみると、ハスキーな声でしみじみと歌う「なみだ恋」が、ご当地・新宿で圧倒的に受けた。

当時、新宿を歩くと、どこの店でも有線でこの歌を流し、クラブのホステスが歌っていた。彼女たちは歌ばかりか、八代亜紀の髪や化粧を忠実に真似るまでになっていた。

毎夜、銀座や新宿を飲み歩き〝夜の市長〟を自称していた紀伊国屋書店の田辺茂一社長は「なみだ恋」を新宿の歌として売り込みにかかるなど、街を挙げての大宣伝戦をくりひろげた。

ご当地・新宿のバックアップにも増して、全国の受けはよく、暮までに百二十万枚を突破する大ヒットとなった。

そして、この年の日本レコード大賞歌唱賞は八代亜紀の頭上に輝き、大晦日の第二十四回NHK紅白歌合戦に、初出場することができた。

父親の反対を押し切って上京し、クラブ歌手を経てデビューした亜紀にとって、レコード大賞歌唱賞受賞と紅白歌合戦への初出場は、なにものにも変えがたい親孝行であった。

熊本を出てから七年が経っていた。

私鉄沿線（昭和五十年）

山上路夫　作詞
佐藤　寛　作曲
野口五郎　唄

改札口で君のこと
いつも待ったものでした
電車の中から降りて来る
君を探すのが好きでした
悲しみに心とざしていたら
花屋の花も変りました
僕の街でもう一度だけ
熱いコーヒー飲みませんか
あの店で聞かれました
君はどうしているのかと

伝言板に君のこと
僕は書いて帰ります

想い出たずねもしかして
君がこの街に来るようで
僕たちの愛は終りでしょうか
季節もいつか変りました
僕の部屋をたずねて来ては
いつも掃除をしてた君よ
この僕もわかりません
君はどうしているのでしょう

買物の人でにぎわう街に
もうじき灯り
ともるでしょう

僕は今日も人波さけて
帰るだけです
ひとりだけで
この街を越せないまま
君の帰りを待ってます

先に急逝した西城秀樹と、郷ひろみ、野口五郎を加えた〝新御三家〟が、トップアイドルの一角を占めたのは、昭和四十年代の後半から五十年代にかけてである。野口五郎は、新御三家の中でも、いち早く花の舞台に登場していた。『ちびっこのどじまん』『どんぐり音楽会』に出場して優勝。昭和四十六年、十五歳で「博多みれん」でデビューしていたのである。

〝かわいらしい演歌のホープ〟がキャッチフレーズで、芸名は出身地の飛驒山脈・野口五郎岳に因んでいた。デビュー曲の「博多みれん」は、演歌色が強すぎて不発に終り、二曲目、ポップス系の「青いリンゴ」がスマッシュヒットして、若い女性ファンの人気を獲得した。

昭和四十七年、第二十三回NHK紅白歌合戦に、当時としては最年少の十六歳十ヶ月で出場し「めぐり逢う青春」を歌い、翌四十八年「オレンジの雨」が、オリコン週間チャートで初のベストテン入り。つづく「君が美しすぎて」が第三位にランクされ、二十四回紅白に同曲で出場していた。

紅白歌合戦には、以降五十六年三十二回まで、「甘い生活」「私鉄沿線」「針葉樹」「風の駅」「グッド・ラック」「青春の一冊」「コーラス・ライン」「裏切りの小僧」で連続出場を果たし、一年の空白があって、三十四回には「19：00の街」で再出場をした。

野口五郎の代表曲となる「私鉄沿線」は、東急池上線を舞台に、山上路夫作詞、佐藤寛作曲の淡白に綴る初恋の女性へのほのかな想いの歌だった。売り上げ百二十万枚のミリオンセラーになり、アイドル歌手から一人前の歌手に認められるきっかけになった佳曲であった。

五郎は、「私鉄沿線」のビッグヒット後も、次々とヒットを飛ばし五十年暮れには、レコード大賞歌唱賞、日本歌謡大賞放送音楽賞など、多くの歌謡賞を一人占めしている。

「私鉄沿線」は、このように大きな幸運をもたらした歌だが、同時に作詞した山上路夫、作曲した佐藤寛にも、大きな思い出を残した。

山上は、若い頃郊外に向かう私鉄によく乗り、車窓から見る沿線の風景に魅かれて、いつの日にか、私鉄沿線をタイトルにした詞を書きたいと思っていた。

歌詞を作る前からタイトルを決めていたが、いざフォーク調の詞をまとめると野口五郎の所属する事務所から「漢字四文字だけのタイトルでは、アイドルの歌にふさわしくない」とクレームがつき、「愛の私鉄沿線」「白い情景」などの代替案が提案された。

しかし、作詞家は「私鉄沿線」にこだわり原題は生かされた。次に作曲は、野口五郎の実兄の佐藤寛に依頼された。が、寛は「弟は人気絶頂のアイドル歌手だ。まだ駆け出しの私には重すぎる」と躊躇《ちゅうちょ》し、ヒットメーカーの筒美京平が編曲することで、ようやく引き受けた。

「私鉄沿線」が走り出すまでには、これだけの難問題があったわけだが、発売してみると、幸運にもミリオンセラーに駆け上がっていた。

東京砂漠（昭和五十年）

吉田　旺　作詞
内山田洋　作曲
内山田洋とクールファイブ　唄

空が哭いてる　煤け汚されて
ひとはやさしさを　どこに棄ててきたの
だけどわたしは　好きよこの都会が
肩を寄せあえる　あなた…あなたがいる
あなたの傍で　ああ暮らせるならば
つらくはないわ　この東京砂漠
あなたがいれば　ああうつむかないで
歩いて行ける　この東京砂漠

ビルの谷間の　川は流れない
人の波だけが　黒く流れて行く
あなた…あなたに　めぐり逢うまでは
そうよこの都会を　逃げていきたかった
あなたの愛に　ああつかまりながら
しあわせなのよ　この東京砂漠
あなたがいれば　あああなたがいれば
陽はまた昇る　この東京砂漠
あなたがいれば　あああなたがいれば
陽はまた昇る　この東京砂漠

砂漠とは、雨が乏しくて草木が生えない、岩や砂ばかりの荒涼《こうりょう》たる大地をいう。その砂漠のイメージに、花も実ある東京を結びつけた「東京砂漠」が、内山田洋とクールファイブのボーカル前川清の張りつめた歌声でヒットしたのは、高度経済成長のひずみが見え始めた頃だった。
東京はその頃、空も川も空気も汚され、街に住む人々の心のやさしさも、どこか置き忘れてしまったような殺伐とした雰囲気になっていた。

空が哭いている　煤け汚されて
ひとはやさしさを　どこに棄ててきたの
だけどわたしは　好きよこの都会が
肩を寄せあえる　あなた　あなたがいる
あなたのそばで　ああ　暮らせるならば
つらくはないわ　この東京砂漠

あなたがいれば　ああ　うつむかないわ
歩いて行ける　この東京砂漠

空が哭き　煤け汚され、ビルの谷間には人の波だけが黒々と流れていく……。人々の情けも薄らいだそんな街になっても、肩を寄せあえる、あなたがいれば、わたしは、この街が好き……。街が乾き、荒涼としていれば、二人の愛は一段と強まり、離れがたくなるといったラブソングだった。

作詞は、北九州市出身の吉田旺だった。彼は多摩美術大学に学び、絵かきを志したが、当座はデザイナーとして広告代理店に勤めていた。

その絵かき志望者が、一見お門ちがいの作詞家になったのは、ある雑誌の歌詞募集に応募して当選したことから、拓けた道であった。

昭和四十七年ちあきなおみが情感をこめて歌い、日本レコード大賞を受賞した「喝采」（中村泰士作曲）の作詞で存在を示し、四十八年、由紀さおりの歌った「恋文」を書いていた。「東京砂漠」は曲もアレンジも出来上がった後に、東京をテーマにした詞のはめ込みの注文を受け、七転八倒の苦しみの末、高校時代に思いを寄せた女性の風の噂に聞いた数奇の運命を下敷きにして、彼女の立場になってまとめた労作だった。

曲は、クールファイブのリーダー内山田洋が付けていて、リードボーカル前川清のユニークな唱法を計算の上で作曲していた。

前川清に合わせた曲に、東京をテーマにした詞のはめ込みを受けたら、吉田旺に乾ききった砂漠に草花を繁らせ、花を咲かせるほどの苦労があったとしても、無理はなかった。

あなたがいれば　ああ　あなたがいれば

東京砂漠に陽が昇り、花が咲いたのだろう。

別れても好きな人（昭和五十四年）

佐々木勉　作詞
佐々木勉　作曲
ロス・インディオス＆シルヴィア　唄

別れた人に会った
別れた渋谷で会った
別れた時とおんなじ
雨の夜だった
傘もささずに原宿
思い出語って赤坂
恋人同士にかえって
グラスかたむけた
やっぱり忘れられない
変わらぬ優しい言葉で
私をつつんでしまう
だめよ弱いから
別れても　好きな人
別れても　好きな人

歩きたいのよ高輪
灯りがゆれてるタワー
思いがけない一夜の
恋のいたずらね
ちょっぴり淋しい乃木坂
いつもの一ツ木通り
ここでさよならするわ
雨の夜だから
やっぱり忘れられない
変わらぬ優しい言葉で
私をつつんでしまう
だめよ弱いから
別れても　好きな人
別れても　好きな人
別れても　好きな人
別れても　好きな人

渋谷、原宿、赤坂、高輪、乃木坂、一ツ木通りと、覚えやすいメロディーの中に、東京の渋谷、赤坂界隈が歌い込まれているご当地ソング傾向の歌だった。歌はラテン・ムード・コーラスのロス・インディオスによって、昭和五十年九月に発売された。当時は、これという反応もなかった。ところが、女性シンガーのシルヴィアを加えて、ロス・インディオス＆シルヴィアで、五十四年に再発売したところ、思いがけず大ヒットとなった。

シルヴィア（本名松田理恵子）は元実業団のバレーボール選手で、大阪の佐川満男の店で歌っているところをスカウトされ、ロス・インディオスの初代女性ボーカリストになったという経歴のかわった歌手であった。

そして、ロス・インディオス＆シルヴィアに変身。リリースされたデビュー曲「別れても好きな人」を、ラテンのリズムに乗せてコケティッシュに歌い、ミリオンセラーに押し上げたのだった。

ロス・インディオスはその頃、赤坂のナイト・クラブで甘いラテンの名曲や「コモエスタ赤坂」「夜の銀狐」といったムード歌謡を歌って、その口説きの曲でホステスたちの幻想をかきたて、愛されていた。
斉条史郎の唯一のヒット曲「夜の銀狐」はロス・インディオスの十八番で、かつてカラオケで大いに歌われた曲であった。

ほしくはないかい
女としての静かなしあわせ
ほしくはないかい
小さなマンション
おまえのためにさがしておいたよ
二人で住みたい

などといった殺し文句が歌詞の中にふんだんにちりばめられていたが、

そのロス・インディオスにして「別れても好きな人」は、シルヴィアとデュエットでも、なかなかヒットに結びつかなかったのである。

「別れても好きな人」は、作詞・作曲ともに佐々木勉で、歌詞はごく自然体にデュエットで、「別れた人に会った　別れた渋谷で会った　別れたときとおんなじ　雨の夜だった」と別れたを重ね、女性が、「恋人同志にかえってグラスをかたむけた」のソロにつづいてデュエットに戻り、「やっぱり忘れられない　変らぬ言葉で」となって、「私をつつんでしまう　だめよ弱いから」と女性があやういムードになるといった焼け木抗《ぼっくり》に火がつきそうな流れになっていた。

事実、再発売によって火がつき、第二十二回日本レコード大賞ロングセラー賞が贈られた。シルヴィアはロス・インディオスと活躍をともにした後、菅原洋一と歌った「アマン」がヒットしたのを契機に、ソロ歌手になったが、平成十年、五十二歳の若さで帰らぬ人となっている。

TOKIO（昭和五十五年）

糸井重里　作詞
加瀬邦彦　作曲
沢田研二　唄

空を飛ぶ 街が飛ぶ
雲を突きぬけ 星になる
火を吹いて 闇を裂き
スーパーシティが舞いあがる
TOKIO TOKIOが
二人を抱いたまま
TOKIO TOKIOが空を飛ぶ
海に浮かんだ 光の泡だと
おまえは言ってたね
見つめてると 死にそうだと
くわえ煙草で涙おとした
TOKIO やさしい女が眠る街
TOKIO TOKIOは夜に飛ぶ

欲しいなら 何もかも
その手にできるよ A to Z
夢を飼う恋人に 奇跡をうみだす
スーパーシティー
TOKIO 哀しい男が吠える街
TOKIO TOKIOが星になる
霧にけむった 不思議な街に
あやしい胸さわぎ
やすらぎ知らない遊園地が
スイッチひとつで
まっ赤に燃えあがる
TOKIO やさしい女が眠る街
TOKIO TOKIOが空を飛ぶ

TOKIO
TOKIOが二人を抱いたまま
TOKIO TOKIOが空を飛ぶ
TOKIO やさしい女が眠る街
TOKIO TOKIOが空を飛ぶ
TOKIO
TOKIOが二人を抱いたまま
TOKIO TOKIOが星になる

昭和四十年代の前半は、グループ・サウンズ（GS）が歌謡界を制圧した時代だった。

ザ・タイガース、ザ・テンプターズなど次々に輩出してくるグループは、一風変わったコスチュームに身を固め、意表をついた無機質の詞、面妖な曲の歌を、絶叫の体で歌っていた。

それらのGSのなかで、一頭地を抜いてアイドルになっていたのは、ザ・タイガースのボーカルのジュリーこと沢田研二だった。

彼は「僕のマリー」でデビューし、「花の首飾り」の大ヒットでトップに立つ。

昭和四十六年にザ・タイガースが解散するや、ソロ歌手になって、「許されない愛」「勝手にしやがれ」「カサブランカ・ダンディ」などでヒットを連発した。

連続のヒットで驕慢になった彼は「オレはつねに一等賞」の捨てゼリフ

を吐いて顰蹙《ひんしゅく》を買うが、この言葉を裏付けるように時代を先取りしたステージを見せていた。
その中でも、パラシュートを背負い、たくさんの電球を点滅させながら、ミリタリー・ルックで歌った「ＴＯＫＩＯ」は、それまでの東京を歌った歌のどれにもないフレーズと、劇画的なダイナミズムにあふれた破天荒なイメージにあふれていた。

空を飛ぶ　街が飛ぶ
雲を突き抜け　星になる
火を吹いて　闇を裂き
スーパーシティが舞いあがる
ＴＯＫＩＯ
ＴＯＫＩＯが二人を抱いたまま

ＴＯＫＩＯ
ＴＯＫＩＯが空を飛ぶ

作詞はコピーライターの糸井重里、作曲は加瀬邦彦であった。

東京を英語にしたらＴＯＫＹＯと書くのに、糸井は空港で見たフランス語の「ＴＯＫＩＯ」の表記に新鮮さを感じ、湿った言葉の横溢した従来の詞の片鱗さえない無機質な言葉を並べて、巨大都市ＴＯＫＩＯを、空に飛ばしたのだった。

加瀬邦彦が、糸井のこの構想を汲んだ曲付けをし、渡辺音楽出版のプロデューサー木崎賢治が、ジュリーにパラシュートを背負わせ、全身を電飾で覆わせて、歌をビジュアル化したのである。

間違いなくキザなジュリーのすべてを表現させた見事な演出の勝利であった。

六本木ララバイ

（昭和五十九年）

エド山口　作詞
エド山口・岡田史郎　作曲
内藤やす子　唄

あなたのやさしさが
痛いほど分かり過ぎる
さよならの言葉さえ
言えずに別れた人よ
季節の足音
心で聞きながら
ララバイ　ララバイ
瞳を閉じて
東京の夜明けに歌う
子守唄

明日の運命など
誰にも分りはしない
出会いと別れの
ためにだけ生きてる人よ
木枯しささやく
心を抱きながら
ララバイ　ララバイ
涙をふいて
東京の夜明けに歌う
子守唄

失くしたあの夢
心で呼びながら
ララバイ　ララバイ
おやすみよ
東京の夜明けに歌う
子守唄
東京の夜明けに歌う
子守唄

かつて昭和の末期から平成にかけて、いわゆるバブル景気の頃、東京六本木はまさに不夜城の観があった。夜が更けてからも煌々《こうこう》と町中に灯《あかり》がともり、まさに昼と夜が逆転したようだった。マスコミや芸能人たちが夜中まで働き、酒を飲み、語りあったものだ。「アマンド」前や「ロアビル」は待ち合わせの人たちでごったがえしていた。いまの六本木からは想像も出来ないだろう。

昭和五十九年、不良少女のイメージの強かった内藤やす子が「六本木ラバイ」をヒットさせたのは、そんな六本木の全盛の頃だった。しかし、この歌には、六本木の地名はタイトルにあるだけで、歌詞には一言も六本木の文字は出てこない。タイトルによって、六本木の街に別れを告げる歌であることがわかる。

昭和五十年、内藤やす子はデビュー曲「弟よ」、そして翌年「想い出ぼろぼろ」と連続ヒットをとばした。とくに「想い出ぼろぼろ」はこの年の新人賞を総なめにした。

翌五十二年、内藤は大麻不法所持で一時芸能活動を停止する。ハンドバッグの中から大量の大麻が見つかったからだが、それも前日に逮捕された研ナオコの日記から犯行が露見したものだった。

この時は入手ルートのジャズ喫茶経営者の逮捕をきっかけに芸能人が芋づる式に割り出され、井上陽水、美川憲一、桑名正博、にしきのあきら、研ナオコ、内田裕也などが次々に逮捕され、「芸能界大麻汚染」といわれる大事件となった。

当時、ヒット曲の多かった内藤が格好のマスコミの標的にされ、「不良少女」のレッテルを貼られ、その後、低迷期に入らざるを得なかった。

しかし、昭和五十九年、実力のある内藤は「六本木ララバイ」で見事にカムバックする。

昭和から平成に年号が変わった平成元年、第四十回紅白に初出場、翌年も出場し二回連続の出場を果たした。

しかし、平成十八年、福島市でのディナーショーで倒れ、脳内出血で緊急入院、その後自宅療養を続け、芸能界復帰は絶望といわれたが、十年後の二十八年、歌手活動を再開、「中居正広の金曜日のスマイルたちへ」で久々にヒット曲を披露した。

そしてこの時メドレーで歌った「弟よ～想い出ぽろぽろ～六本木ララバイ」がその後フルバージョンで収録、発売された。

作詞・作曲のエド山口は、モト冬樹の実兄で裕福な開業医の家に生まれたため、父のあとを継ぐべく、慶應義塾、日本医大、慈恵会医大、順天堂を受験するが、みな不合格で、やむを得ず和光大学経済学部に進学するが、そこも中退という変わり種であった。

ともあれ、この「六本木ララバイ」は、かつてのはなやかな六本木を知る人達にとっては子守唄のような懐かしい曲だろう。

俺《お》ら東京さ行ぐだ（昭和五十九年）

吉　幾三　作詞
吉　幾三　作曲
吉　幾三　唄

テレビも無ェ　ラジオも無ェ
自動車《くるま》もそれほど走って無ェ
ピアノも無ェ　バーも無ェ
巡査《おまわり》毎日ぐーるぐる
朝起きて牛連れで
二時間ちょっとの散歩道
電話も無ェ　瓦斯《ガス》も無ェ
バスは一日一度来る
俺らこんな村いやだ
俺らこんな村いやだ
東京へ出るだ
東京へ出だなら　銭コア貯めで
東京で牛飼うだ

ギターも無ェ　ステレオ無ェ
生まれてこのかた
見だごとア無ェ
喫茶も無ェ　集いも無ェ
まったぐ若者ア俺一人
婆さんと爺さんと
数珠を握って空拝む
薬屋無ェ　映画も無ェ
たまに来るのは紙芝居
俺らこんな村いやだ
俺らこんな村いやだ
東京へ出るだ
東京へ出だなら　銭コア貯めで
東京で馬車引くだ

ディスコも無ェ　のぞきも無ェ
レーザー・ディスクは何者だ？
カラオケはあるけれど
かける機械を
見だごとア無ェ
新聞無ェ　雑誌も無ェ
たまに来るのは回覧板
信号無ェ　ある訳無ェ
俺らの村には電気が無ェ
俺らこんな村いやだ
俺らこんな村いやだ
東京へ出るだ
東京へ出だなら
銭コア貯めで
銀座に山買うだ

いまや演歌の大御所となった吉幾三の出世曲である。吉は昭和五十二年、最初のヒットである「俺はぜったいプレスリー」を発表したあと、長い低迷期が続いた。この曲も必死にレコード各社に売り込むも、すべて断られてしまう。

そこで登場したのが千昌夫だった。同じ東北出身の吉から泣きつかれた千が、数百万円で吉から原盤権を買いとり、ようやく昭和五十九年に徳間ジャパンからリリースされたという、いわくつきの作品だった。

アメリカのラップ音楽から着想を得たというだけあって、そのメロディーもなかなかのものだが、何よりもコミカルな歌詞の面白さが話題となって、三十五万枚のヒットとなった。

発売してみると、テレビもラジオも電話も電気もない、そんな村が現存するなど考えられないと、全国の小さな村や町から猛抗議を受けたという。

当然、吉の出身地である青森県北津軽郡金木町（現在の五所川原市）からも「うちは歌のようなド田舎ではない」とクレームが来た。しかし、吉は「自分の子供の頃はそれに近かった」と語っている。

青森の金木町といえば、文豪・太宰治の生誕地として、太宰ファンにはあこがれの地だが、吉のこの曲によって、さらに全国に知れ渡った。むしろこの大ヒットで、金木の町民の多くは喜んだという。実際、昭和六十年四月十日放送のテレビ『夜のヒットスタジオDELUXE』では、スタジオに集合した金木町民をバックに吉は歌っている。

歌詞の中に、「レーザーディスクは何者だ?」とあることから、レーザーディスク製造元のパイオニアから「いい宣伝になった」と吉にレーザーディスク一式が贈られた、ということも話題になった。喜んだ吉はその後、「レーザーディスクは化け物だ」「レーザーディスクはパイオニア」などと歌詞を変えて歌ったという。

昭和六十年のNHK紅白歌合戦では、出場が有力視されていたが、この

「レーザーディスク」が商品名であることなどで物議をかもしたが、「歌詞を変えてまで出ることはない」という吉幾三の意向で出場はかなわなかった。

その後、歌詞の面白さからか、Daカルロス喜田造が「俺ら東京さ来ただ」、元光GENJIの諸星和己の「俺らなんにもね〜」など歌詞やタイトルの一部を変えたカバー曲も出ている。

昭和六十一年には、千昌夫から「今さらそんな歌売れるわけはない」と大反対された「雪国」をリリース、初のオリコン1位を獲得、以降、コミックソングから正統派演歌歌手に路線を変更し、吉幾三はいまの地位を築きあげた。

演歌系では珍しいシンガーソングライターで、曲の印税から歌唱料まですべて自分の懐に入るわけで、故郷の金木に大豪邸を建てたのも、むべなるかなである。

参考文献

「日本流行歌史」　古茂田信男 他　社会思想社
「日本の流行歌変遷史」　菊池清麿　論創社
「この人この歌」　斎藤茂　廣済堂出版
「歌謡曲の構造」　小泉文夫　冬樹社
「昭和の流行歌の軌跡」　池田憲一　白馬出版
「歌謡・いま・昔」　毎日新聞社学芸部　音楽之友社
「わたしのレコード 100 年史」　長田暁二　英知出版
「歌でつづる 20 世紀」　長田暁二　ヤマハミュージックメディア
「精選盤　昭和の流行歌」　長田暁二、他　ユーキャン
「にほんのうた」　北中正和　新潮文庫
「紅白 50 回　栄光と感動の全記録」　ＮＨＫサービスセンター
「サウンド解剖学」　宮川泰　中央公論社
「不滅の歌謡曲」　なかにし礼　日本放送出版協会
「歌謡曲から『昭和』を読む」　なかにし礼　ＮＨＫ出版新書
「歌謡曲の時代」　阿久悠　新潮社
「歌謡曲って何だろう」　阿久悠　日本放送出版協会
「ハマクラの音楽いろいろ」　浜口庫之助　朝日新聞社
「阿久悠のいた時代」　篠田正浩・斉藤慎爾編　柏書房
「なつめろの人々」　藤浦洸　読売新聞社
「どうにもとまらない歌謡曲」　舌津智之　晶文社
「そして歌は誕生した」　ＮＨＫ土曜特集班編　ＰＨＰ研究所
「日本のポピュラー史を語る」　村田久夫・小島智編　シンコー・ミュージック
「美空ひばり」　竹中労　朝日文庫
「この歌　この歌手」上・下　読売新聞文化部　社会思想社
「日本レコード文化史」　倉田喜弘　岩波現代文庫
「酒と演歌と男と女」　猪俣公章　講談社
「歌　いとしきものよ」　星野哲郎　集英社
「演歌巡礼」　船村徹　講談社
「歌謡曲ベスト 1000 の研究」　鈴木明　ＴＢＳブリタニカ
「自伝　わが心の歌」　古賀政男　展望社
「鐘よ鳴り響け」　古関裕而　主婦の友社
「夢人生を奏でて」　古賀政男　小学館スクウェア
「ぼくの音楽人生」　服部良一　中央文芸社
「翔べ！わが想いよ」　なかにし礼　東京新聞出版局
「六・八・九の九」　永六輔　中央公論社
「なぜか売れなかったぼくの愛しい歌」　阿久悠　河出文庫
「よみがえる歌声」　林家たけ平　ワイズ出版
「誰よりも君を愛す　吉田正」　金子勇　ミネルヴァ書房
「体験的音楽論」　いずみたく　大月書院
「海鳴りの詩」　小西良太郎　集英社
「うた王国・百鬼夜行」小西良太郎　廣済堂出版
「昭和流行歌スキャンダル」　島野功緒　新人物文庫
「あの素晴しい曲をもう一度」　富澤一誠　新潮新書
「カラオケ中年隊がゆく」　カラオケ中年隊編　文春文庫

※上記以外に web の各情報はずいぶん参考にさせていただきました。

塩澤実信（しおざわ みのぶ）
昭和5年、長野県生まれ。双葉社取締役編集局長をへて、東京大学新聞研究所講師等を歴任。日本ペンクラブ名誉会員。元日本レコード大賞審査員。主な著書に「雑誌記者池島信平」（文藝春秋）、「ベストセラーの光と闇」（グリーンアロー出版社）、「動物と話せる男」（理論社）、「出版社大全」（論創社）、「ベストセラー作家 その運命を決めた一冊」「出版界おもしろ豆事典」「昭和歌謡100名曲 part.1 〜 5」「昭和の歌手100列伝 part1 〜 3」「昭和平成大相撲名力士100列伝」「不滅の昭和歌謡」（以上北辰堂出版）、「昭和の流行歌物語」「昭和の戦時歌謡物語」「昭和のヒット歌謡物語」「この一曲に賭けた100人の歌手」「出版街放浪記」「わが人生の交遊録」「話題の本250冊」「古関裕而・珠玉の30曲」「あの頃、雑誌は輝いていた！」「ふるさと遙か 私の伊那谷物語」（以上展望社）、ほか多数。

東京うた物語

令和3年3月6日発行
著者 / 塩澤実信
発行者 / 唐澤明義
発行 / 株式会社展望社
〒112-0002 東京都文京区小石川3-1-7エコービル202
TEL:03-3814-1997 FAX:03-3814-3063
http://tembo-books.jp
印刷製本 / モリモト印刷株式会社

ISBN 978-4-88546-392-1 定価はカバーに表記
日本音楽著作権協会（出）許諾第2100469-101号